Compreendendo a Depressão

75 Perguntas e Respostas

Michael D. Yapko

Compreendendo a Depressão

75 Perguntas e Respostas

Michael D. Yapko

Tradução de
Ângela de Oliveira Castro

Revisão Técnica por
Marlus Vinicius Costa Ferreira

EDITORA DIAMANTE

Belo Horizonte
2007

INSTITUTO MILTON H. ERICKSON DE BELO HORIZONTE
Rua Conde Linhares, 980 - Cep.: 30380-030 - Belo Horizonte - MG
Telefones: (31) 3296-5299 / (31) 3344-8447
E-mail: instituto@EricksonBH.com.br

TRADUÇÃO Ângela de Oliveira Castro
REVISÃO TÉCNICA Marlus Vinicius Costa Ferreira
REVISÃO Equipe do Instituto Milton H. Erickson de Belo Horizonte
CAPA Belisário e Guedes Comunicação

PROJETO GRÁFICO Equipe da Editora Diamante
EDIÇÃO EM INGLÊS *Keys to Understanding Depression*
ISBN 0-9580646-0-1 / 1ª edição: 2001
Publicado por Yapko Publications

Ficha catalográfica elaborada pela Bibliotecária Ana Cristina de Vasconcelos - CRB 6/505

Y25kPc

Yapko, Michael D.
Compreendendo a depressão : 75 perguntas e respostas / Michael D. Yapko ; tradução de Ângela de Oliveira Castro. - Belo Horizonte : Diamante, 2007.
191 p.

Tradução de: Keys to understanding depression : questions & answers about depression.

ISBN: 85-89351-08-4

1. Depressão mental. 2. Depressão mental - Tratamento. 3. Perguntas e respostas. 4. Comportamento de ajuda. 5. Comportamento - Modificação. 6. Terapia do comportamento. 7. Psicoterapia. 8. Antidepressivos. I. Castro, Ângela de Oliveira. II. Título.

CDD : 158.1

DEDICATÓRIA

Com amor, respeito e gratidão à minha mãe, Gerda Yapko, que acredita que se deve fazer limonada com os limões que a vida nos dá.

AGRADECIMENTOS

Minha vida profissional tem sido notável. Como professor, já tive a oportunidade de viajar muito, e a sorte de conhecer e me tornar amigo de muitas pessoas de diversas culturas, que dividiram generosamente comigo seus pontos de vista e conhecimento. Eu agradeço a todas elas por fazer com que me fosse possível ver a depressão, e a vida, em um contexto muito mais amplo.

Também tive a oportunidade, através de minha própria prática clínica, de aprender sobre a dor e o desespero de pessoas muito boas que foram de alguma forma retiradas de seu caminho e não sabiam como voltar. Fui muitas vezes tocado por sua coragem e tenacidade quando estavam para baixo, e maravilhado por sua graciosidade quando se reerguiam. Ofereço a elas toda minha gratidão. As pessoas são surpreendentes em seus recursos, esta é uma constatação que sempre me deixará intrigado com a vida profissional que escolhi.

Transcendendo tudo está o meu profundo amor e apreço por minha esposa, Diane. Sua honestidade, compaixão, paciência, generosidade e espírito brincalhão me inspiram em muitos níveis. Como sempre, ela teve uma grande participação neste projeto e me ajudou a realizá-lo. Eu sou um sujeito de sorte de ter Diane em minha vida, e eu sei disso.

Meus melhores amigos de mais de três décadas, Wendy, Richard e Megan ("The Hugbug") Horowitz, me dão uma conexão vital com a sanidade mais freqüentemente do que eles percebem. Obrigado, vocês ainda são os melhores.

Por último, mas não menos importante, minha família significa tudo para mim. Os Yapko e os Harris continuam a prover a base amorosa na qual todo o resto é construído, e pela qual sou muito grato. Vocês todos são tão fáceis de amar!

MDY

PREFÁCIO À EDIÇÃO BRASILEIRA

Este livro é dirigido para as pessoas que desejem obter conhecimentos sobre depressão, para quem sofre com as manifestações depressivas e para os profissionais de saúde envolvidos no tratamento de pessoas com esse transtorno. Quem sofre de depressão encontra neste texto de perguntas e respostas, diretrizes precisas, claras e concisas que auxiliam entender o conceito de depressão, seus fatores de risco, como diagnosticar e tratar com medicamentos e psicoterapia. Além disso, contém informações extremamente úteis e práticas para escolher um psicoterapeuta ou um psiquiatra, como também sobre os fatores biológicos, psicológicos e sociais contribuintes para a instalação do quadro depressivo em uma pessoa. A depressão é socialmente contagiosa; algumas perguntas abrangem a compreensão da influência do pai ou da mãe, que padece desse transtorno, sobre seus filhos.

Dr. Yapko há três décadas está envolvido com o manejo de pacientes com depressão; já expôs seus conhecimentos para colegas em diversas cidades dos Estados Unidos da América do Norte, e também, para profissionais de saúde em mais de 27 países nos cinco continentes, incluindo uma oficina de trabalho apresentada em junho de 2006 no Brasil, em Belo Horizonte. Além disso, escreveu vários livros sobre este tema, inclusive *Treatinhg Depression With Hypnosis*, considerado o melhor livro do ano sobre hipnose pela Sociedade de Hipnose Clínica e Experimental.

Estou convencido que este pequeno grande livro constitui um valioso aporte de informações e conhecimentos práticos para o leitor leigo. Os profissionais de saúde interessados no enfoque dos pacientes com depressão encontram nas respostas às questões formuladas, informações importantes e atualizadas, que contribuem para melhor entender os pacientes sofredores de depressão. Afinal, a remissão total e persistente de sintomas, de comprometimento social e ocupacional representa o resultado terapêutico ideal para os pacientes deprimidos.

Marlus Vinicius Costa Ferreira
Neurologista e neurorradiologista

INTRODUÇÃO

É com satisfação que recebo a oportunidade de ter este livro de perguntas e respostas sobre depressão traduzido e disponível na língua portuguesa. A depressão tem se tornado um grande problema no mundo todo, e um problema que ainda está crescendo em todas as faixas etárias. A necessidade de informação atual e confiável nunca foi tão grande, e tem sido uma meta em toda minha vida profissional ajudar as pessoas a entender melhor a depressão e o que todos podemos fazer, individual ou coletivamente, para reduzir sua influência negativa em todos nós.

A depressão é um transtorno complexo caracterizado por ser "o mais" em vários aspectos. Depressão é estatisticamente o *mais comum* dos transtornos de humor. Economicamente é o transtorno de *mais alto custo* em termos de produtividade humana diminuída. Experiencialmente, a depressão é a condição *mais debilitante*, fortemente relacionada ao aparecimento de doenças físicas e transtornos emocionais. Ela é também a condição de *maior prejuízo social*, prejudicando relacionamentos, principalmente os relacionamentos com família e amigos, que são os mais significativos. Interfere na sociedade como um todo, onde outras pessoas são afetadas quando pessoas deprimidas têm comportamentos destrutivos e anti-sociais advindos de tentativas ineficazes de lidar com o transtorno. Transtorno esse que também é potencialmente o *mais letal* de todos, pois o suicídio é muito freqüentemente escolhido como a solução permanente para um problema temporário. E a seu favor, a depressão tem o fato de estar entre os transtornos *mais tratáveis* na área da saúde mental. *Um bom tratamento funciona.*

Estamos chegando a uma encruzilhada nas questões relativas à saúde mental no mundo todo, incluindo o Brasil. Há muito já passou a hora de tratar tais questões. Muitos especialistas em saúde física e saúde mental estão agora, finalmente, começando a perceber que a saúde física e a saúde mental estão invariavelmente relacionadas, e que programas de ajuda respeitáveis devem abordar o problema do humor individualmente para que o tratamento médico e/ou psicológico seja eficaz. O desafio agora é fazer a ajuda chegar até as pessoas que precisam dela. Infelizmente, entretanto, existem muitas pessoas precisando de ajuda que não irão obtê-la.

Como preencher a lacuna entre a necessidade e a disponibilidade de ajuda? Como pegar a enorme quantidade de informações clínicas e pesquisas e colocá-las nas mãos da pessoa que sofre e mais precisa de "uma vela em meio à escuridão?" Esse tem sido o meu esforço profissional, e é a razão para escrever este livro, *Compreendendo Depressão*. Os outros livros que escrevi foram principalmente para meus colegas profissionais. Mas está se tornando cada vez mais evidente que a informação que precisa ser disseminada para o público geral não está, nem de longe, atingindo as pessoas na rapidez que deveria. Conseqüentemente, as pessoas ainda não reconhecem os sinais e sintomas da depressão, e muito menos as oportunidades para seu tratamento precoce e até mesmo sua prevenção. Eu desejo oferecer informação às pessoas que desesperadamente precisam dela, e o formato simples de perguntas e respostas parece uma forma viável de se fazer isso. Este é um livro pequeno e fácil de ler que foi escrito tendo-se em mente a pessoa que sofre de sintomas psicológicos que prejudicam sua habilidade de concentração, bem como a pessoa que precisa de idéias rápidas e informação atual e clara para ajudá-la a voltar para o curso normal da vida neste momento de desespero. É um livro para pessoas que não têm tempo, energia ou paciência para ler livros mais longos; pessoas com estilo "sem enrolação – só responda o que quero saber!"

Quando comecei a estudar a depressão por volta de três décadas atrás, muito pouco se sabia sobre ela. A geração mais nova de medicamentos antidepressivos que são tão populares atualmente ainda não existia, e poucas pessoas podiam tolerar as drogas disponíveis naquele tempo, devido aos seus efeitos colaterais. Psicoterapias eficazes ainda não haviam sido desenvolvidas e as pessoas só conseguiam obter informações esparsas, quando conseguiam, e sempre sobre questões básicas, como quem fica deprimido e por quê. Hoje em dia, depois de todos esses anos, a depressão talvez seja o transtorno clínico mais amplamente estudado. O corpo da literatura científica sobre o assunto é enorme, mas este pequeno livro resume a maior parte dele. O mais importante é que tratamentos bem sucedidos têm sido desenvolvidos e qualquer um que esteja deprimido precisa saber a respeito deles. *Compreendendo Depressão* pode ter um papel significativo no ensino de perspectivas e até de algumas habilidades necessárias para ficar bem em um mundo cada vez mais doente. Espero que ele ajude.

Michael D. Yapko, Ph.D.
Fallbrook, CA., USA
www.yapko.com

ÍNDICE - Lista de Perguntas

PRIMEIRA PARTE - QUESTÕES GERAIS

SEGUNDA PARTE - CONSIDERAÇÕES BIOLÓGICAS E TERAPIA MEDICAMENTOSA

QUARTA PARTE - O LADO SOCIAL DA DEPRESSÃO

QUINTA PARTE - FAMÍLIAS E DEPRESSÃO

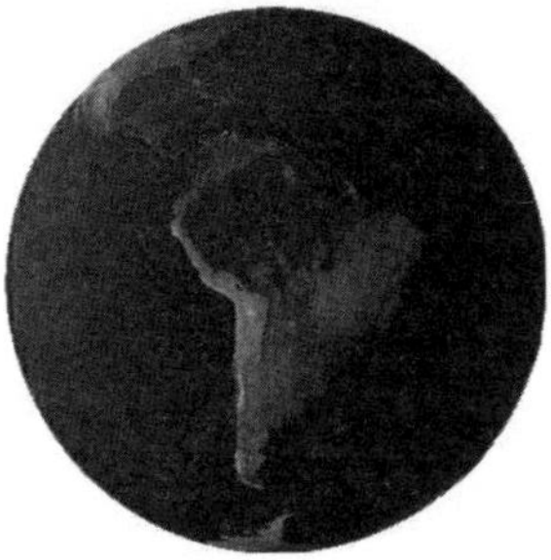

PRIMEIRA PARTE

Questões Gerais

Perguntas da Primeira Parte

1. O QUE É A DEPRESSÃO?
2. COMO A DEPRESSÃO É DIAGNOSTICADA?
3. QUAIS SÃO OS SINTOMAS MAIS COMUNS DA DEPRESSÃO?
4. O QUE CAUSA A DEPRESSÃO?
5. QUE CONDIÇÕES MÉDICAS PODEM ESTAR ASSOCIADAS À DEPRESSÃO?
6. A DEPRESSÃO PODE SER CAUSADA POR MEDICAMENTOS?
7. O USO DE BEBIDAS ALCOÓLICAS OU DROGAS ILÍCITAS PODE CAUSAR OU COMPLICAR A DEPRESSÃO?
8. QUE CONDIÇÕES PSICOLÓGICAS PODEM ESTAR ASSOCIADAS À DEPRESSÃO?
9. QUAL É A FREQÜÊNCIA DA DEPRESSÃO?
10. O QUE CURA A DEPRESSÃO?
11. A DEPRESSÃO DESAPARECE POR SI SÓ?
12. QUEM FICA DEPRIMIDO?
13. ALGUMAS PESSOAS SÃO MAIS VULNERÁVEIS À DEPRESSÃO?
14. QUAIS SÃO OS FATORES DE RISCO PARA A DEPRESSÃO?
15. A DEPRESSÃO PODE SER NORMAL?

1. O que é a depressão?

A depressão é definida pelos profissionais da área de saúde mental como um *transtorno de humor*. Ela inclui uma diversidade de sintomas cuja intensidade varia de leve a grave. A depressão pode até ameaçar a vida. Mesmo que seja categorizada como um transtorno de humor, os sintomas da depressão afetam muitos aspectos diferentes da vida de uma pessoa que vão além do humor. Esse transtorno pode afetar negativamente sua saúde física (incluindo a perturbação dos padrões de sono, a diminuição do nível de energia e desejo sexual, mudanças no apetite e aumento do risco de outras doenças, como as cardiovasculares), reduzir a motivação, prejudicar a concentração, causar danos aos relacionamentos com os outros, diminuir a produtividade no trabalho e levá-la a desenvolver uma visão geral negativa sobre a vida. A depressão pode fazer a vida parecer desinteressante e até mesmo como um peso difícil de carregar. Os indivíduos que sofrem desse transtorno freqüentemente sentem-se desamparados e sem esperança a respeito da possibilidade de suas circunstâncias de vida melhorarem. Eles constantemente ficam desiludidos em relação a si próprios e aos seus problemas e nem mesmo tentam resolvê-los.

Pelo fato da depressão poder afetar muitos aspectos diferentes da vida da pessoa, nem todos os indivíduos que sofrem dela são afetados da mesma forma. As pessoas podem ir ao médico apresentando sintomas e queixas bem diferentes, mas apesar das diferenças na aparência, todas podem estar sofrendo de depressão. É devido a isso que a depressão nem sempre é diagnosticada com precisão, mesmo por profissionais experientes. Há diferentes tipos de depressão, que são discutidos na pergunta 10. Contudo, todos têm em comum uma variedade de sintomas dolorosos que afetam negativamente as suas percepções e a sua qualidade de vida.

2. Como a depressão é diagnosticada?

O diagnóstico da depressão pode ser dificultado devido à freqüência com que ela está associada a outros problemas médicos ou psicológicos coexistentes, que podem então mascarar o diagnóstico.

Os profissionais da área de saúde usam um sistema diagnóstico pré-convencionado e organizado em forma de um código, geralmente a *Classificação de Transtornos Mentais do CID 10*, ou o *Manual Diagnóstico e Estatístico de Transtornos Mentais* (agora em sua quarta edição revisada, também chamado de DSM-IV-TR). Esses códigos listam alguns *Transtornos de Humor*, um dos quais é chamado *Transtorno Depressivo Maior*. A Depressão Maior, mais comumente chamada só de "depressão", é o mais comum dos transtornos de humor e é o assunto deste livro. (Ele não deve ser confundido com outros "transtornos de humor" como o "Transtorno Bipolar", anteriormente chamado de "Psicose Maníaco Depressiva")

De acordo com os códigos diagnósticos, a depressão maior pode ser diagnosticada quando um indivíduo tem os sintomas primários de um humor deprimido na maior parte do dia ou uma perda de interesse ou prazer, sendo necessário que qualquer um deles persista por *pelo menos* duas semanas. Sintomas adicionais podem incluir um distúrbio do sono (seja dormir muito pouco ou em excesso), um distúrbio alimentar (comer muito pouco ou em excesso, resultando em uma alteração de peso de 5% ou mais no período de um mês), estar "acelerado" (agitado) ou com baixa energia, sentir-se cansado na maior parte do tempo, ter sentimentos de desvalorização, ter sentimentos de culpa excessiva, ter dificuldades de concentração e pensamentos de morte ou suicídio. Quando a maioria desses sintomas está presente na maior parte do tempo, a depressão maior pode ser adequadamente diagnosticada. Entretanto, como você se sente a respeito de sua vida é mais importante do que atender aos "critérios oficiais". Se você está sofrendo, não precisa de critérios para tornar isso "oficial". Se você suspeita que pode estar deprimido, seria aconselhável apresentar suas preocupações a um profissional qualificado para avaliação e possível tratamento.

3. Quais são os sintomas mais comuns da depressão?

Apesar de todos os sintomas descritos na resposta anterior serem comuns, nem todos aparecem com a mesma freqüência. Os sintomas mais freqüentes da depressão são ansiedade, insônia, fadiga, dificuldade de concentração, distúrbios do sono, sentimento de tristeza, desamparo, falta de esperança e pensamentos de morte e/ou suicídio. Muitas pessoas nem chegam a experimentar os outros sintomas (como a culpa), ou os experimentam de uma forma leve. Os sintomas da depressão podem variar consideravelmente de uma pessoa para outra. Um pesquisador apontou que existem por volta de duzentas combinações de sintomas que levam ao diagnóstico da depressão! Entretanto, o mais importante é o que você pensa sobre si mesmo e sua qualidade de vida. Se você está persistentemente infeliz consigo mesmo e com a vida e sente que nada que fizer irá melhorar as coisas, então pode ser uma boa idéia dar alguns passos no sentido de ser avaliado por um profissional ou talvez obter ajuda para que sua vida tome um rumo mais positivo.

Em uma certa medida, os tipos de sintomas da depressão são importantes porque eles podem definir o curso do tratamento. Por exemplo, o uso de antidepressivos para reduzir os sintomas físicos é uma opção de tratamento razoável. De forma semelhante, a psicoterapia é outra boa opção pois possibilita a aprendizagem de habilidades que melhoram a forma como você responde às várias dificuldades da vida.

4. O que causa a depressão?

Há muitas causas possíveis para a depressão. Apesar da crença profundamente arraigada de que a depressão possui uma única causa (como a genética ou um desequilíbrio bioquímico no cérebro), as pesquisas têm mostrado claramente que a depressão **não** é causada por um único evento ou componente da vida da pessoa. Assim, a adoção de uma visão unidimensional da depressão não é nem precisa, nem sensata. *Existem múltiplos fatores que contribuem para a depressão.* Esses podem ser fatores **biológicos**, como sua história familiar, vulnerabilidade genética e condições de saúde física. Também podem ser fatores individuais e **psicológicos**, como sua história pessoal e temperamento. E podem ainda ser **sociais**, como a cultura na qual você vive e a qualidade de seus relacionamentos com os outros. Assim, o modelo predominante para a depressão no campo da saúde mental é chamado de "**Biopsicosocial**". Esse modelo enfatiza as contribuições combinadas de fatores biológicos, psicológicos e sociais no desenvolvimento do transtorno depressivo de um indivíduo. É essencial compreender que nenhum fator isolado causa a depressão, portanto cada pessoa deve aprender a identificar quais os fatores que a conduzem a depressão.

5. Que condições médicas podem estar associadas à depressão?

Existem muitas doenças e condições médicas gerais que podem causar ou exacerbar a depressão. Algumas das mais comuns são a AIDS, anemia, câncer, insuficiência cardíaca congestiva (conhecida popularmente como infarto), diabetes, hepatite infecto-contagiosa, desnutrição, esclerose múltipla e artrite reumatóide.

Diante da possibilidade de tantas doenças e condições físicas estarem associadas à depressão, um exame físico completo é geralmente o melhor ponto de partida para um diagnóstico e tratamento adequados. Mesmo que a maioria das pessoas *não* possuam uma base orgânica para a depressão, continua sendo uma escolha inteligente excluir qualquer possibilidade de causas orgânicas através de uma avaliação cuidadosa. O tratamento de um problema físico como se fosse puramente psicológico é um esforço mal direcionado que acaba se tornando um desgaste ainda maior para a pessoa. Da mesma forma, não identificar o que pode ser uma causa física da depressão significa que uma doença ou condição médica também não é tratada, sendo seu agravamento quase que garantido. Qualquer coisa que atrase um tratamento adequado e eficaz, em qualquer nível, contribui para prolongar o sofrimento da pessoa.

6. A depressão pode ser causada por medicamentos?

Sim. Há muitas drogas prescritas que podem gerar a depressão como um efeito colateral. Entre as mais comuns estão as usadas no tratamento de problemas cardíacos, como os beta-bloqueadores. Além deles, a lista inclui também os depressores do sistema nervoso central, os corticoesteróides, os anticonvulsivantes, alguns medicamentos para dormir, algumas drogas usadas na quimioterapia do câncer, entre outras. As pessoas que tomam tais drogas e os profissionais que tratam delas precisam entender os efeitos das drogas no humor. Pode ser necessário alterar certas prescrições, mas quando isso não for possível, um entendimento melhor da relação da droga com a mudança do humor pode ajudar os indivíduos a lidar melhor com a situação e, estando bem informados, podem tomar decisões sobre as várias alternativas disponíveis para eles.

7. O uso de bebidas alcoólicas ou drogas ilícitas pode causar ou complicar a depressão?

Sim. O álcool por si só é um depressor, e é comprovado que ele afeta algumas das mesmas conexões neurais afetadas pela depressão. Para alguém que já está deprimido ou em risco de ficar (talvez devido a episódios anteriores), o álcool é uma droga muito prejudicial e deve ser evitada completamente. Frequentemente, as pessoas fazem uso de bebidas alcoólicas para relaxar ou para ajudá-las a dormir, não percebendo que o álcool pode até ajudá-las por algum tempo, mas na verdade vai acabar tornando as coisas piores para elas.

Drogas como a maconha, cocaína e meta-anfetamina também representam um risco significativo de agravar a depressão e não devem ser usadas. Seus efeitos nos neurotransmissores e funções cerebrais complexas são variados e imprevisíveis. Além do potencial para causar danos *físicos* permanentes no pulmão ou no cérebro, há também os danos *psicológicos* em potencial que advêm do uso dessas substâncias. O uso de drogas pode reduzir ou até mesmo impedir o desenvolvimento de habilidades saudáveis para lidar com as situações. Recorrer às drogas também reforça o "escapismo" como estratégia para evitar lidar com os próprios sentimentos (como a ansiedade) ou com os problemas. A pessoa acreditar que os problemas são tão poderosos que não podem ser enfrentados diretamente ou resolvidos de uma forma mais sensata a enfraquece e a torna vítima. Ela ilude-se ao pensar que o uso de drogas irá ajudar. Esse tipo de pensamento escapista na verdade reforça a depressão.

O uso de álcool ou outras drogas para lidar com as dificuldades da vida é uma decisão ruim que inevitavelmente acaba piorando os problemas. Se alguém está abusando de álcool ou drogas pode ser um sinal de depressão e deve ser tratado o mais rápido possível.

8. Que condições psicológicas podem estar associadas à depressão?

A depressão freqüentemente coexiste com outros problemas médicos e psicológicos. Quando isso ocorre, tais problemas são chamados de condições *co-mórbidas* (as condições médicas co-mórbidas foram discutidas na pergunta 5). Algumas vezes, para que o tratamento funcione pode ser essencial saber qual condição domina a experiência da pessoa, embora, em alguns casos, isso influencie menos o tratamento. De qualquer forma, é importante reconhecer a presença de condições co-mórbidas, porque podem influenciar drasticamente a forma de abordar as questões relativas ao tratamento e recuperação da pessoa.

Os transtornos de ansiedade são as condições psicológicas que mais freqüentemente estão em co-morbidade com a depressão. Essa classe de transtornos representa condições psicológicas nas quais altos níveis de ansiedade interferem na habilidade da pessoa de funcionar bem. Na verdade, muitos dos sintomas que mais perturbam na depressão podem ser atribuídos à presença da ansiedade: distúrbios do sono, dificuldade de concentração, inquietação, agitação e preocupação excessiva.

Outra condição co-mórbida freqüentemente associada à depressão é o abuso de álcool e drogas, discutido na questão anterior. Quando alguém está abusando de alguma substância que altera o humor ou a consciência, uma depressão subjacente não pode ser identificada de forma efetiva até que desapareça o abuso de álcool ou droga. Grande parte do abuso de substâncias que acontece livremente em nossa sociedade é produto de depressão mal administrada ou nem mesmo identificada.

Há também condições co-mórbidas graves conhecidas como transtornos de personalidade. Esses são muito mais complicados e permeiam todos os aspectos da vida da pessoa, afetando não só o que ela faz, mas a essência de quem ela é. Indivíduos altamente dependentes, com nenhum senso real de si próprios ou emocionalmente volúveis e frágeis podem ter problemas psicológicos que são consideravelmente mais complexos do que a depressão sozinha.

Quando a depressão está associada com outros problemas psicológicos, ou parece estar por detrás deles, é especialmente importante não subestimar tais problemas. Infelizmente, a tendência é as pessoas pensarem: "eu não estou tão mal assim", mas ao minimizar seu nível atual de perturbação, as pessoas falham em lidar com a situação de uma forma realista. A auto-avaliação e a auto-ajuda provavelmente não serão efetivas em casos complexos de co-morbidade, e isso simplesmente atrasa o diagnóstico e tratamento apropriados por um profissional qualificado, prolongando ainda mais o sofrimento da pessoa.

Novamente, se você está sofrendo e não sabe por que ou o que fazer a respeito, consultar um profissional qualificado é uma boa idéia.

9. Qual é a freqüência da depressão?

Na maioria das culturas do mundo, por volta de uma em cada quatro mulheres, e um em cada dez homens sofrerá um transtorno depressivo maior em algum momento de suas vidas. Esses números podem variar de cultura para cultura, mas as pesquisas mostram que eles são mais prováveis de acontecer. Como a depressão muito freqüentemente não chega a ser diagnosticada e tratada, os números podem representar estimativas abaixo da realidade. Infelizmente, informações de qualidade sobre a freqüência de depressão no Brasil são difíceis de se obter.

De acordo com um relatório recente da Organização Mundial de Saúde (OMS), a depressão está atualmente classificada como a quarta condição mais debilitante no planeta (atrás das doenças do coração, câncer e acidentes de trânsito). "Debilitante" se refere à perda de qualidade de vida, ao sofrimento humano, assim como aos problemas de saúde e sociais que sabemos que estão associados à depressão. Ainda mais grave é a predição da OMS de que por volta do ano de 2020, a depressão vai subir de quarta para segunda condição mais debilitante no planeta. A depressão já é claramente um problema sério que está crescendo continuamente em todos os grupos etários no mundo todo. Esse é um ponto importante a ser considerado para que o entendimento da depressão se expanda para além de um problema individual. Na verdade, ela é um problema social muito mais amplo do que a maioria das pessoas parece perceber.

10. O que cura a depressão?

Os especialistas em depressão geralmente não falam em termos de "cura" desse transtorno. Eles tendem a falar em termos de seu "manejo". Isso se deve simplesmente ao fato do humor ser uma parte contínua da experiência da pessoa. Da mesma forma que você não resolve o problema de sedentarismo exercitando-se uma única vez, ou um problema financeiro fazendo um único depósito bancário, o humor deve ser manejado de um modo contínuo, assim como a pessoa tem que manejar outras experiências contínuas da vida, como comer e dormir. Ter as habilidades de lidar bem com as dificuldades inevitáveis da vida é a base fundamental para o manejo e até mesmo a prevenção da depressão.

As duas formas principais com as quais os profissionais da saúde mental manejam a depressão são a psicoterapia e/ou o uso de medicamentos antidepressivos. Ambas as estratégias serão discutidas em detalhe em seções mais adiante.

Existem muitas formas usadas pelos profissionais da saúde mental para ensinar indivíduos deprimidos a manejar a depressão de forma eficaz. Dois tipos essenciais de habilidades que podem ser obtidas pelos tratamentos são:

1) aprender a reconhecer suas vulnerabilidades pessoais em relação à depressão (estando elas no ambiente e/ou em sua mente) e

2) desenvolver formas de prevenir as "escorregadas" com o uso de estratégias eficazes de manejo de vida.

Estratégias eficazes para reduzir ou prevenir os efeitos negativos da depressão são tão singulares quanto os indivíduos que sofrem desse transtorno. A colaboração entre o individuo deprimido e um bom profissional de saúde mental é a melhor forma de desenvolver estratégias de intervenção e de manejo pessoal apropriadas.

11. A depressão desaparece por si só?

Algumas vezes. Um fenômeno conhecido como "remissão espontânea" pode ocorrer em casos onde uma pessoa sofrendo de um episódio depressivo experimenta o desaparecimento da depressão sem nenhum esforço deliberado ou tratamento. A freqüência com que isso acontece não é conhecida, mas especialistas estimam que pode ser em torno de 50% dos casos.

Naturalmente, as pessoas ficam felizes quando a sua depressão eventualmente vai embora (isso normalmente não ocorre de forma instantânea), e é fácil simplesmente dizer: "finalmente". Entretanto, quando nada é feito ativamente para aprender sobre os fatores que contribuem para o episódio e sobre como lidar com ele, a probabilidade de sofrer uma recaída aumenta significativamente. Os riscos de recaída são *sempre* uma preocupação, mesmo quando a pessoa recebe um tratamento adequado, mas o risco é maior quando nenhum tipo de tratamento é feito.

Se você já sofreu um episódio depressivo, a depressão não deve ser subestimada, mesmo se você não está deprimido atualmente. Ela requer um esforço consistente para ser vencida e não voltar, mesmo que "pareça que vai embora sozinha". Colocado de forma simples, uma vez que você reconhece que é mais vulnerável à depressão, você tem a tarefa contínua de administrar sua própria vida isolando-se dos efeitos repetitivos da depressão o máximo que puder. Isso requer *insight* e habilidade.

12. Quem fica deprimido?

Todos nós, com nossas variações de humor, temos o potencial de sofrer depressão. Assim, a depressão pode afetar qualquer ser humano no planeta, dependendo da complexa interação entre vulnerabilidades biológicas, condições ambientais, condições sociais e psicologia pessoal. A vida apresenta a *todos* nós muitos desafios. Alguns deles são vulnerabilidades biológicas a doenças e outros problemas gerados pelo simples fato de vivermos em um corpo humano. Outros são vulnerabilidades emocionais criadas por situações de vida a respeito das quais podemos fazer muito pouco ou quase nada, como acidentes ou mortes de pessoas que amamos. O potencial para ficarmos sobrecarregados por eventos da vida e/ou por nossas próprias características mentais e físicas imperfeitas está sempre presente.

Quando digo que *qualquer um* pode ficar deprimido, deve ficar claro para você que a depressão não é uma falha de caráter, uma fraqueza, uma condição vergonhosa, uma doença que você contraiu de alguma forma ou uma maldição de Deus. Pense na depressão como um "anzol na correnteza da vida," no qual *qualquer um* pode eventualmente se prender. O que está claro, contudo, é que algumas pessoas são mais vulneráveis que outras a ficarem presas, e a consciência desse fato oferece oportunidades significativas para a prevenção.

13. Algumas pessoas são mais vulneráveis à depressão?

Sim. Há muitos fatores que aumentam a vulnerabilidade à depressão, mas os mais poderosos são as expectativas negativas em relação ao futuro, a maneira precária de lidar com o estresse e a inabilidade de pensar criticamente sobre os problemas que a pessoa enfrenta.

Em termos de *idade*, o grupo que mais sofre de depressão nos Estados Unidos é a geração "*Baby Boomer*"[1]. O grupo que mais está em crescimento são seus filhos.

Em termos de *gênero*, o grupo que mais sofre de depressão são as mulheres. Por razões sociais e biológicas que serão tratadas mais adiante, as mulheres têm uma taxa de risco para depressão aproximadamente *duas vezes* maior que a dos homens.

Outros grupos de risco incluem:

1) pessoas solteiras, principalmente se são infelizes por serem solteiras;

2) pessoas que sofrem de condições médicas crônicas e/ou debilitantes;

---

[1] *Baby Boomer* é o termo usado para designar aqueles que nasceram logo após a Segunda Guerra Mundial, durante o período de elevadas taxas de natalidade, quando a prosperidade econômica cresceu em vários países.

3) pessoas em condições aversivas de *qualquer* tipo da qual não conseguem sair;
4) pessoas que fumam e abusam de álcool e/ou drogas;
5) pessoas que têm estratégias precárias para lidar com o estresse e
6) pessoas que não são boas em tomar decisões.

14. Quais são os fatores de risco para a depressão?

Um "fator de risco" é aquilo que aumenta a probabilidade de um transtorno ou uma doença específica ocorrer. Por exemplo, fumar é um forte fator de risco para câncer de pulmão. Em um sentido mais amplo, a vida é, em si própria, um fator de risco para a depressão. *Todas* as pessoas enfrentam incertezas, adversidades, perdas e outros obstáculos à sua felicidade. Mas isso seria o mesmo que dizer: "a principal causa do divórcio é o casamento". Considere esta pergunta com cuidado: Se todas as pessoas enfrentam dificuldades na vida, porque não são *todas* que ficam deprimidas?

Como você já sabe, há aspectos biológicos, psicológicos e sociais envolvidos no transtorno depressivo. Há fatores de risco em cada uma dessas categorias.

Em termos **biológicos**, sabe-se que embora não haja um gene específico que cause a depressão, existe o que os biólogos chamam de "predisposição genética", o que significa uma vulnerabilidade. Um histórico familiar de depressão sugere, embora não prove, a existência de uma maior vulnerabilidade genética à depressão, ao enfrentar estressores que surgem durante a vida. A doença física representa outro risco, como descrito anteriormente. Uma variedade de medicamentos também podem iniciar a depressão, especialmente aqueles para problemas cardíacos. Seu gênero também é um fator de risco. Por razões meramente biológicas, relacionadas ao ciclo hormonal reprodutivo, o simples fato de ser uma mulher aumenta suas chances de sofrer depressão.

No que se refere ao lado **psicológico** da depressão, os fatores de risco mais fortes estão associados com seu estilo de pensar, especialmente a forma como você interpreta e reage às experiências de vida. Existe uma grande diferença entre o que realmente nos acontece na vida e o significado que atribuímos aos fatos concretos. Essa observação leva ao estudo de questões complexas de personalidade, temperamento, valores, habilidades para solução de problemas e muitos outros aspectos do funcionamento psicológico.

De um ponto de vista **social**, a depressão geralmente vem à tona em contextos de relacionamentos humanos. A morte de pessoas que amamos, o fim de romances e casamentos, as traições de amigos ou figuras de autoridade e outros problemas de relacionamento podem todos aumentar o risco de depressão. Quando os relacionamentos são destrutivos e dolorosos, a probabilidade da depressão ocorrer é maior. Em um nível social mais amplo, a cultura na qual você vive também representa um risco significativo. As taxas de depressão tendem a ser mais altas nas culturas cuja ênfase está em valores contrários ao senso de comunidade e pertencimento social.

Outros fatores de risco gerais incluem episódios prévios de depressão, histórico de abuso sexual, histórico de perda dos pais na infância, abuso de álcool ou drogas, fumar, presença de outros problemas psicológicos ou físicos sérios e estressores difíceis de lidar. É importante você lembrar que um fator de risco representa uma probabilidade aumentada, *não* uma certeza. Quanto mais passos você der ativamente no sentido de reduzir seus riscos pessoais, construindo boas habilidades de manejo de estresse e solução de problemas, por exemplo, menor será a probabilidade de você sofrer depressão.

15. A depressão pode ser normal?

Sim. Dependendo do seu ponto de vista, o fato dos seres humanos virem equipados com uma vida emocional pode ser uma benção ou uma maldição. Nossa variedade de sentimentos é impressionante e parte dessa variedade normal de emoções refere-se àquelas que podem ser dolorosas ou perturbadoras. Apesar de ser possível para os intrigantes personagens Vulcanos[2] da série Jornada nas Estrelas se abster de toda e qualquer emoção, na vida real, *uma meta mais sensata é aprender a manejar nossos sentimentos de forma habilidosa*, já que eles são inevitáveis. Aprender a reconhecer e mesmo direcionar nossos sentimentos adequadamente é a base para ser mentalmente saudável.

Uma pessoa passa por inúmeras situações que podem desencadear sentimentos de luto, desespero, raiva, resignação e outros sentimentos desagradáveis, mas inteiramente normais. A depressão pode aparecer quando alguém que você ama morre ou o deixa, quando você perde um emprego que lhe proporcionava status e segurança financeira, quando sua "razão de viver" desaparece (como quando os filhos crescem e saem de casa), quando você enfrenta rejeição,

[2] Os Vulcanos, de Jornada nas Estrelas, são uma raça alienígena de humanóides que habita o planeta de Vulcano e têm por característica viver pela razão e a lógica.

desapontamento, traição, humilhação e tantas outras situações que podem lhe ferir. É provável que tal depressão seja dolorosa, mas breve, na medida em que ela proporciona novos entendimentos e ações efetivas.

Assim, a distinção chave entre a depressão "normal" e "anormal" baseia-se em quão ruim as coisas ficam e por quanto tempo. Quando a experiência da depressão é tão poderosa que distorce negativamente sua visão de si mesmo e da vida, quando ela permeia seus relacionamentos e lhe faz emocionalmente distante, hostil ou volúvel, quando ela infecta sua qualidade de vida com apatia e pessimismo e faz a vida parecer um fardo difícil de carregar, e essas conseqüências persistem em sua vida por dias, que viram semanas e que viram meses, então sua depressão não é mais normal. "Normal" é quando você é ferido, experimenta a dor emocional, passa por ela sem tomar decisões que piorem os problemas e você gradualmente sai desse estado em questão de semanas ou meses. "Normal" é saber e *viver* a percepção de que momentos difíceis acontecem, mas eles não definem o sentido total de sua vida. Coisas ruins acontecem, mas lembre-se de que coisas *boas* também.

SEGUNDA PARTE

Considerações Biológicas e Terapia Medicamentosa

Perguntas da Segunda Parte

16. A DEPRESSÃO É CAUSADA POR UM DESEQUILÍBRIO QUÍMICO NO CÉREBRO?
17. SE A TEORIA DO "DESEQUILÍBRIO QUÍMICO" NÃO É INTEIRAMENTE CORRETA, POR QUE ELA É TÃO POPULAR?
18. EXISTEM EXAMES MÉDICOS, COMO O DE SANGUE, QUE VOCÊ PODE FAZER PARA DESCOBRIR SE ESTÁ DEPRIMIDO?
19. EXISTE UM GENE DA DEPRESSÃO QUE ESTÁ PRESENTE NAS FAMÍLIAS DE PESSOAS DEPRIMIDAS?
20. SE É FALADO PARA UM MÉDICO SOBRE ALGUNS SINTOMAS DE DEPRESSÃO, MAS ELE NÃO A DIAGNOSTICA, ISSO SIGNIFICA QUE NÃO SE TRATA DE UMA DEPRESSÃO?
21. COMO POSSO SABER A QUEM BUSCAR PARA MEDICAMENTOS ANTIDEPRESSIVOS?
22. OS MEDICAMENTOS ANTIDEPRESSIVOS REALMENTE FUNCIONAM?
23. COMO POSSO SABER QUAL MEDICAÇÃO ANTIDEPRESSIVA TOMAR?
24. QUAIS SÃO ALGUNS DOS MEDICAMENTOS ANTIDEPRESSIVOS E COMO ELES ATUAM?
25. QUAIS SÃO ALGUNS DOS BENEFÍCIOS ASSOCIADOS AO USO DE ANTIDEPRESSIVOS?
26. QUAIS SÃO ALGUNS DOS RISCOS ASSOCIADOS AO USO DE ANTIDEPRESSIVOS?
27. POSSO TOMAR ANTIDEPRESSIVO SE ESTOU GRÁVIDA OU PLANEJANDO FICAR?
28. CRIANÇAS PODEM TOMAR ANTIDEPRESSIVOS?
29. AS DROGAS ANTIDEPRESSIVAS VICIAM?
30. OS ANTIDEPRESSIVOS PODEM MUDAR A PERSONALIDADE DE ALGUÉM?
31. A DEPRESSÃO PODE AFETAR MINHA VIDA SEXUAL?
32. QUAL É O EFEITO DA MEDICAÇÃO ANTIDEPRESSIVA NA FUNÇÃO SEXUAL?
33. EU TEREI QUE TOMAR ANTIDEPRESSIVOS PARA O RESTO DA MINHA VIDA?
34. E QUANTO ÀS ALTERNATIVAS NATURAIS AOS ANTIDEPRESSIVOS?
35. EXISTEM OUTROS TRATAMENTOS ALTERNATIVOS QUE PODEM AJUDAR NA DEPRESSÃO?
36. ALGUÉM PODE PRECISAR SER HOSPITALIZADO POR CAUSA DA DEPRESSÃO?
37. O QUE É A ELETROCONVULSOTERAPIA (ECT OU "TRATAMENTO DE CHOQUE") E ELA FUNCIONA PARA A DEPRESSÃO?
38. EXISTEM NOVOS REMÉDIOS OU PROCEDIMENTOS SENDO DESENVOLVIDOS PARA A DEPRESSÃO?

16. A depressão é causada por um desequilíbrio químico no cérebro?

A resposta é duvidosa. Com certeza a química cerebral tem importância, afinal de contas, as mensagens químicas são o meio de comunicação entre os neurônios no cérebro. Os mensageiros químicos são chamados de "neurotransmissores," e existem mais de cem tipos deles conhecidos até o momento, com a possibilidade de muitos outros serem descobertos nos próximos anos. Entretanto, principalmente devido aos anúncios das indústrias farmacêuticas, as pessoas são levadas a acreditar que o humor é um processo inteiramente químico, como se o indivíduo fosse irrelevante para o processo, meramente reagindo ao que o cérebro faz aparecer como num passe de mágica. Na realidade, a química cerebral e o humor têm um relacionamento de duas vias, não unidirecional. *Sua experiência de vida influência sua química cerebral pelo menos o mesmo tanto que sua química cerebral influência sua experiência de vida.* Os tipos de experiências que você busca, as experiências emocionais que você tem, os estressores que você encara em sua vida (principalmente os intensos e duradouros), a sua alimentação e muitos outros fatores, irão todos influenciar sua química cerebral até um certo ponto. Entretanto, as complexas experiências humanas podem ser reduzidas a uma mera equação química? E aquelas pessoas que tomam antidepressivos, têm sua química cerebral mudada, e *não* melhoram? Nesse momento, o conhecimento científico de como os antidepressivos funcionam, *quando* funcionam, não é muito grande. Muito mais pesquisas precisam ser feitas até que possamos saber qual é o papel dos neurotransmissores na depressão. A visão da depressão como desequilíbrio químico cerebral é popular, mas aqueles que adotam uma visão inteiramente biológica da depressão ignoram uma quantidade enorme de evidências irrefutáveis de que a depressão envolve muito mais que só uma "química ruim".

Existem muitas informações sobre o tratamento da depressão que vão além de soluções médicas ou medicamentosas. Estas informações não estão tão disponíveis para a população em geral quanto a teoria do "desequilíbrio químico". Existem muitas razões para essa desigualdade na disponibilidade das informações. Uma razão importante é que o orçamento para propaganda feita pelas indústrias farmacêuticas só para antidepressivos é mais de cinco bilhões de dólares por ano. Essa é uma quantia enorme de dinheiro sendo gasta para promover a visão da depressão como uma "doença" que requer tratamento medicamentoso. Nos Estados Unidos, por exemplo, a população em geral é inundada por indústrias farmacêuticas (ou seus médicos representantes) anunciando em revistas, jornais e televisão, onde é aconselhado que se você tem "este" sintoma, então você deve pedir "esta" droga ao seu médico.

Outra razão da teoria do "desequilíbrio químico" ter um apoio tão forte é que os médicos são intensivamente treinados para definir e tratar quase *todos* os problemas biologicamente. E quando você toma algum desses medicamentos, os sintomas depressivos geralmente diminuem, pelo menos por um tempo. Assim, a conclusão é que a causa da depressão deve ter sido um desequilíbrio químico que a droga aparentemente corrigiu. Mas as drogas afetam as pessoas de muitas formas diferentes. Não é correto pressupor que se uma droga gerou um efeito, ela deve ter atingido o alvo "certo". Por último, mas não menos importante, existe uma tendência cultural de explicar todos os problemas em termos biológicos ("eu sou viciado em fazer compras"). É muito mais fácil e conveniente para a pessoa tomar uma pílula do que tomar para si a responsabilidade por sua qualidade de vida.

O maior problema, em realação a visão da depressão como conseqüência de um "desequilíbrio químico no cérebro", vem da falta de reconhecimento de que a depressão pode ser tanto causada quanto resolvida por eventos da vida. Há um corpo crescente de evidências de que a psicoterapia, também chamada de "terapia da fala", pode alterar a química cerebral de formas semelhantes às drogas. A hipótese do "desequilíbrio químico" *não* está errada. Ela só não está inteiramente correta.

17. Se a teoria do "desequilíbrio químico" não é inteiramente correta, por que ela é tão popular?

Poucas pessoas que sofrem de depressão buscam ajuda, sendo um desafio para os profissionais de saúde mental fazer a ajuda ficar mais prontamente disponível e mais fácil de ser pedida. Então, a estratégia desenvolvida foi chamar a depressão de uma "doença" biológica, que pudesse ser comparada às outras doenças, como a diabetes. Assim, as pessoas não teriam tanta probabilidade de ignorar a doença ou se culpar por ela. Essa estratégia tem levado muitos a adotar a perspectiva de doença e a sua filosofia subjacente de que a depressão é um problema com o cérebro. Isso soa científico, soa como tratável por drogas, e então ela é uma perspectiva tentadora para se adotar. Infelizmente, tal perspectiva não representa a figura da depressão como um todo, e nem mesmo sua maior parte.

A maior parte do dinheiro de pesquisa na área da saúde mental tem ido para estudos de drogas, muito mais do que outras possibilidades de exploração. O público em geral tem sido persuadido por especialistas em medicina, e de forma semelhante, os próprios médicos também têm sido persuadidos de que a depressão é uma doença física melhor tratada com drogas. Isso aumenta a confiança das pessoas nos medicamentos e sua necessidade, mesmo que os medicamentos não sejam a melhor abordagem para um determinado indivíduo. Os pacientes pedem os medicamentos, e mesmo que um médico prudente fale: "Eu não acredito que essa seja a melhor opção de tratamento para o seu caso em especial", o paciente pode simplesmente ir a outro médico mais cooperativo e pedir a droga a ele. Criar uma demanda no consumidor através da propaganda intensa tem sido uma estratégia muito bem sucedida para os fabricantes de medicamentos.

É tentador querer que o simples ato de tomar um comprimido faça o sofrimento ir embora. Contudo, considere o seguinte exemplo: "Uma jovem mulher tem três crianças pequenas que demandam muita atenção. Ela é casada com um homem que a agride fisicamente e com quem é quase impossível viver. Ela está desempregada e depende financeiramente dele. Está isolada socialmente, tomando conta dos filhos o tempo todo, e não tem amigos ou familiares de quem receba apoio emocional. Resumindo, suas circunstâncias de vida são horríveis." Tomar um antidepressivo será realmente a melhor solução para o seu problema? Claro que não. É compreensível que ela espere que uma droga irá curá-la, mas é irrealista ela pensar que isso é possível. A depressão é um problema mais complexo do que simplesmente pensar que tomar um comprimido por dia lhe mantém longe dela. Mudar a química cerebral da mulher *não* irá mudar sua vida.

Ao colocar a depressão em um enquadre puramente biológico, como o resultado de um "desequilíbrio químico no cérebro", a culpa pela depressão é direcionada para longe do indivíduo que sofre dela. Esse costumava ser o caso, e infelizmente pessoas demais ainda acreditam que a depressão é um sinal de fraqueza pessoal ou uma falha de caráter. O efeito era então o de culpar a pessoa pelo seu sofrimento. Culpar a vítima é uma estratégia ruim em qualquer situação, e em relação ao transtorno depressivo em particular, isso tem impedido que pessoas que estão sofrendo e precisando de ajuda obtenham o que precisam. As pessoas não queriam reconhecer ou admitir que elas estavam deprimidas, então elas sofriam em silêncio. Ao chamar a depressão de doença, a culpa recai sobre a biologia e o estigma da depressão pode ser aliviado.

18. Existem exames médicos, como o de sangue, que você pode fazer para descobrir se está deprimido?

Não. Ainda não foram desenvolvidos testes que se mostraram confiáveis para o diagnóstico da depressão. Nenhum exame de sangue, análise de urina, tomografia do cérebro, testes químicos ou qualquer outro exame físico disponível pode revelar precisamente a presença de depressão. O melhor e mais confiável (embora não inteiramente) meio de identificar a depressão continua sendo a entrevista feita por um clínico capacitado.

19. Existe um gene da depressão que está presente nas famílias de pessoas deprimidas?

Não. Não há nenhum gene específico para a depressão. Há anos atrás, antes que uma análise sofisticada dos genes humanos fosse possível, havia uma crença de que genes específicos causavam doenças ou transtornos específicos. Atualmente, com um entendimento muito mais avançado dos genes e sua influência no comportamento, é mais bem entendido que experiências complexas, como algumas formas de depressão, podem ser o resultado de múltiplos genes funcionando em colaboração e em resposta parcial a condições ambientais. Isso é conhecido como a "correlação gene-ambiente", e ressalta a complexa relação entre vulnerabilidades biológicas e as experiências de vida que podem desencadeá-las.

Sabe-se que a depressão é passada entre membros familiares. Onde quer que haja uma pessoa deprimida, há uma probabilidade de 1,5 a 3 vezes maior de outros membros da família também estarem deprimidos. Enquanto que a predisposição genética explica parte desse fenômeno, o ambiente familiar ajuda a explicá-lo mais profundamente. Não há um único "gene da depressão" que pessoas deprimidas herdam, o que existe é apenas uma vulnerabilidade genética que varia de leve a moderada. Pesquisas sobre prevenção da depressão mostram claramente que a vulnerabilidade genética pode ser reduzida com o aprendizado de habilidades eficazes para lidar com situações em uma variedade de dimensões. Assim, quando alguém diz equivocadamente, "eu devo ter o gene da depressão", nós podemos afirmar seguramente, "não, você não tem".

20. Se é falado para um médico sobre alguns sintomas de depressão, mas ele não a diagnostica, isso significa que não se trata de uma depressão?

Não. A depressão é um transtorno subdiagnosticado, ou seja, várias pessoas que sofrem de depressão não são identificadas. Algumas vezes os sintomas da depressão são apresentados ao médico e ele simplesmente deixa passar o diagnóstico por uma série de razões. Médicos geralmente só têm alguns minutos para atender um paciente, e podem não ter tempo de fazer as perguntas relevantes. Ou problemas físicos coexistentes mais graves podem ter prioridade sobre preocupações emocionais. Ou um médico pode ter uma tendência para avaliar mais prontamente um problema físico identificável, do que problemas emocionais que são mais incertos. Ou, como acontece com frequência, simplesmente não há tempo suficiente para extrair informações de um paciente absorvido em seus próprios problemas e que não gosta de falar sobre sua depressão.

De qualquer forma, você não pode esperar que seu médico leia a sua mente. Você tem que ser bem direto ao apresentar seus sintomas e preocupações. Se você levar em consideração que os clínicos gerais não são especialistas em saúde mental, o ideal seria se você pudesse consultar um profissional da saúde mental. Estatisticamente, um diagnóstico feito pelo profissional de saúde mental teria maiores chances de ser confiável e válido, *depois* que seu clínico geral já excluiu qualquer causa médica possível para o problema.

21. Como posso saber a quem buscar para medicamentos antidepressivos?

Pela lei vigente no Brasil, somente médicos podem prescrever medicamentos antidepressivos. Existe uma probabilidade muito maior de os sintomas da depressão serem apresentados ao médico do que a outros profissionais, então é estatisticamente mais provável que o médico será o primeiro a ser consultado. Seu médico pode recomendar que você tome antidepressivos se ele diagnosticar a depressão. Ele pode também recomendar que você consulte um psiquiatra. O psiquiatra é um médico com um treinamento avançado e especializado no tratamento de transtornos emocionais. Como é um médico, o psiquiatra pode receitar medicamentos. Há alguns psiquiatras que oferecem "terapia da fala," conjuntamente com os medicamentos, mas a maioria não o faz. Eles atendem os pacientes brevemente com o único propósito de prescrever remédios, monitorar o progresso e ajustar a dosagem da medicação quando necessário.

Se você decidir consultar um psiquiatra para uma avaliação médica, você irá a um médico especialista. É melhor então escolher um que seja especializado em depressão. Escolhendo um psiquiatra com experiência no tratamento da depressão, você tem mais chances de ser tratado por um profissional mais treinado no uso apropriado de medicamentos antidepressivos e com uma habilidade maior de acompanhar seu processo de forma mais apropriada do que os outros clínicos geralmente fazem. Muitas pessoas recebem receitas de médicos que não são psiquiatras, tal como clínicos gerais, que geralmente estão menos atualizados em relação aos novos medicamentos e combinações de medicamentos mais atuais.

22. Os medicamentos antidepressivos realmente funcionam?

Sim. Se os antidepressivos são tomados da forma como foram prescristos pelo médico eles podem ajudar. Esses medicamentos têm sido popularmente promovidos como a "cura" da depressão. Mas na verdade, os antidepressivos estão longe de curar esse transtorno. Eles ajudam você a *manejá-lo*. Os antidepressivos têm a capacidade de reduzir ou até eliminar muitos dos sintomas da depressão, particularmente aqueles conhecidos como "vegetativos". Esses são os sintomas físicos principais, como a agitação, ansiedade, distúrbios do sono e apetite e baixa energia física.

Os medicamentos antidepressivos podem realmente oferecer algum alívio para a maioria das pessoas que os tomam. Entretanto, você deve estar plenamente consciente de que essa é uma decisão que envolve custos e benefícios. Existem vantagens e desvantagens em tomar antidepressivos, assim como em tomar *qualquer* outro tipo de medicação. Nenhum remédio funciona perfeitamente bem para todos que o tomam. Infelizmente, algumas pessoas nunca encontram um medicamento que realmente as ajude. É comum testar vários medicamentos e dosagens antes de encontrar o melhor para um determinado indivíduo. Nenhum remédio é livre de efeitos colaterais e complicações em potencial. Nos antidepressivos, os efeitos colaterais mais comuns são: náuseas, tonturas, dores de cabeça, dificuldades sexuais, constipação, ganho de peso, boca seca, tremores e visão embasada. Esses sintomas geralmente são incômodos no princípio e vão se amenizando à medida que a pessoa se ajusta à medicação. O efeito colateral mais grave, apesar de pouco comum, é a possibilidade dos antidepressivos desencadearem um episódio maníaco, desenvolvendo dificuldades maiores de ajustar o humor da pessoa. Além disso, existe um fenômeno comumente chamado de "criar resistência", no qual o medicamento ajuda por um certo período de tempo e então simplesmente para de fazer efeito. Isso acontece só ocasionalmente, mas acontece.

Em muitos casos, a medicação pode não só ajudar, mas salvar vidas. A decisão de tomar ou não medicamentos deve ser feita de uma forma inteligente, com você sendo um participante bem informado em seu processo de tratamento. Tomar medicamentos só porque o médico, amigo ou familiar sugeriu não é a melhor forma de se tratar.

23. Como posso saber qual medicação antidepressiva tomar?

Você não pode. Não compete a você pedir ao médico um antidepressivo específico. É o profissional que está receitando a medicação que deve determinar *quais* medicamentos e *quais dosagens* são as mais apropriadas para você. Ele faz isso com base nas características dos seus sintomas, no seu histórico de medicação, sensibilidade a determinadas drogas, efeitos de interações com outros medicamentos que você pode estar tomando, sua idade, constituição física, e outras variáveis como essas. Alguns antidepressivos podem produzir efeitos secundários desejáveis (redução da ansiedade ou melhora do sono, por exemplo) e são prescritos por essa razão.

A prescrição de antidepressivos que são apropriados aos sintomas e em doses adequadas requer um conhecimento avançado dos efeitos das drogas e respostas individuais a elas. A prescrição também requer um monitoramento constante das respostas aos medicamentos e ajustes quando necessário. Então, mesmo que seja mais fácil obter uma receita de antidepressivo de seu clínico geral ou ginecologista, tais médicos geralmente não são suficientemente treinados em medicamentos psicoativos, nem para prescrevê-los adequadamente, nem para oferecer um bom acompanhamento. Consultar um especialista em depressão é uma excelente idéia.

Mesmo que a decisão sobre quais medicações devem ser receitadas não seja de sua competência, compete a você ser um consumidor bem informado. Você pode e deve se informar sobre qualquer medicação indicada antes de tomá-la. Existem várias fontes de informação, como por exemplo pedir indicações de leituras ao médico que está receitando o medicamento, pedir informações ao seu farmacêutico local, ler sobre a droga em livros disponíveis em qualquer livraria ou obter informação por meio da Internet. Você deve se esforçar para entender o propósito de tomar o medicamento, quais são seus riscos e benefícios, que efeitos colaterais podem ser esperados e quanto tempo o medicamento leva para fazer efeito depois de começar a ser tomado. Esteja informado sobre qualquer contra-indicação de tomar o medicamento (qualquer condição prévia ou drogas que você já esteja tomando que entram em conflito com o uso desse antidepressivo em particular). Informe ao médico sobre qualquer efeito colateral, mesmo os leves, ou qualquer outra preocupação que você possa ter. Lembre-se que você representa metade da equipe de tratamento!

24. Quais são alguns dos medicamentos antidepressivos e como eles atuam?

Os medicamentos antidepressivos são divididos em uma série de categorias diferentes de acordo com suas características químicas e seu mecanismo de ação pressuposta. Os antidepressivos mais comumente receitados no mundo hoje em dia são da categoria conhecida como Inibidores Seletivos da Recaptação de Serotonina, ou ISRS. Os ISRS incluem drogas como o Prozac, Celexa, Paxil, e Zoloft[3]. O mecanismo exato de ação desses medicamentos não é completamente entendido, mas acredita-se que ele envolve um processo que resulta em um aumento na concentração da substância química cerebral serotonina (chamada de "neurotransmissor" pelo fato de servir como um mensageiro químico entre as células cerebrais ou neurônios). Acredita-se que a baixa concentração de serotonina no cérebro esteja ligada à depressão. Os ISRS são uma família de medicamentos pertencentes à "nova geração" de antidepressivos e têm sido usados só há relativamente pouco tempo. Os ISRS e mesmo as drogas mais novas que são simplesmente categorizadas como

---

[3] Nota do Tradutor: Prozac é o nome comercial da fluoxetina; Celexa é o nome comercial da substância citalopram, não está disponível no Brasil com esse nome, mas com o nome Cipramil; Paxil é o nome comercial da paroxetina e está disponível no Brasil com o nome Aropax; sertralina é o nome da substância química comercializada no Brasil com o nome Zoloft.

"Compostos Não-Relacionados Estruturalmente" como as drogas Wellbutrin e Remeron e os novos antidepressivos de "ação dupla" (assim chamados por se acreditar que atuam tanto na serotonina quanto na norepinefrina) como o Cymbalta e o Efexor, todos têm mecanismos de ação pressuposta diferentes apesar de não se saber exatamente que mecanismos de ação são esses.

As gerações mais antigas de medicamentos incluíam os antidepressivos "Tricíclicos" (assim chamados devido a sua estrutura química de três anéis) e os Inibidores de Monoaminoxidade ou IMAO. Esses ainda estão em uso hoje em dia, mas com menos freqüência. Os tricíclicos comumente prescritos incluem o Elavil, Asendin e Desyrel[4]. Pressupõe-se que essas drogas têm um mecanismo de ação que envolve um aumento na concentração dos neurotransmissores norepinefrina e serotonina no cérebro. Os IMAO geralmente receitados incluem Marplan, Nardil e Parnate[5]. Esses IMAO são menos freqüentemente receitados porque seus efeitos colaterais podem ser de certa forma extremos. O mecanismo de ação dos IMAO também não é inteiramente compreendido, mas pressupõe-se que eles

---

[4] Nota do Tradutor: Elavil é o nome comercial da amitriptilina e está disponível no Brasil com o nome Tryptanol; Asendin é o nome comercial da amoxapina e não é comercializada no Brasil; Desyrel é o nome comercial da trazodona e no Brasil é comercializada com o nome Donaren.

[5] Nota do Tradutor: Marplan e Nardil são os nomes comerciais, respectivamente, das substâncias químicas isocarboxazida e fenelzine que não existem no Brasil, mas são comercializados há várias décadas nos Estados Unidos e na Europa; Parnate é o nome comercial da tranilcipromina.

aumentam no cérebro a concentração do neurotransmissor norepinefrina e outros neurotransmissores do sistema nervoso central no cérebro.

Uma nova descoberta interessante está relacionada ao fenômeno chamado de "neurogênese", a geração de novas células no cérebro. Historicamente se acreditava que as células cerebrais não se regeneravam, mas estudos recentes mostraram que na verdade a neurogênese acontece. Pesquisas feitas com animais em laboratório – nenhuma com seres humanos ainda - sugerem que os antidepressivos podem estimular a neurogênese e que é a neurogênese que torna os antidepressivos potencialmente eficazes, ao contrário da teoria que prevalece atualmente de que os efeitos terapêuticos dos antidepressivos são causados por aumentos na concentração de neurotransmissores específicos no cérebro. Essa é uma área de pesquisa muito nova e levará muitos anos para que essa teoria da neurogênese possa ser confirmada ou refutada.

Novas drogas para a depressão estão sendo desenvolvidas o tempo todo e muitas mais serão lançadas no mercado em um futuro próximo. As pesquisas buscam entender melhor como elas funcionam e quais seriam os riscos e benefícios de tomá-las a longo prazo.

25. Quais são alguns dos benefícios associados ao uso de antidepressivos?

O uso de antidepressivos como parte de um plano de tratamento mais amplo oferece algumas vantagens que vale a pena serem consideradas. Os antidepressivos já foram estudados em milhares de pesquisas clínicas e em milhões de pacientes do "mundo real". A quantidade de informação disponível é grande e oferece uma evidência forte de que os antidepressivos ajudam a maioria (aproximadamente dois terços) das pessoas que os tomam.

O benefício chave dos antidepressivos é seu efeito geral na maioria dos sintomas mais extremos associados à depressão. Esses incluem distúrbios do sono e do apetite, baixa energia física, desejo sexual diminuído, ansiedade e agitação. Quando alguém está tão perturbado pela inabilidade de prestar atenção, ou tão fatigado que sente que mal consegue chegar até o final do dia, os antidepressivos podem levantar o seu humor e lhe energizar para que a pessoa não se sinta tão para baixo. Quando você não consegue dormir ou comer porque está completamente agitado, os antidepressivos podem reduzir sua agitação para que você não se sinta prestes a explodir.

Quando os antidepressivos funcionam, eles tendem a funcionar mais rápido em termos de remissão de sintomas do que a chamada "terapia da fala". Quando o tempo é um fator crítico a se considerar, como quando alguém está pensando em suicídio, ou em perigo de tomar decisões ruins e irreversíveis enraizadas na depressão (como divórcio, por exemplo), os antidepressivos podem ser especialmente importantes. Quando alguém está tão deprimido para até mesmo participar significativamente da terapia, os medicamentos podem ajudar a promover uma melhora suficiente para fazer da terapia uma tentativa mais significativa e que realmente ajude.

Diferentemente da psicoterapia ("terapia da fala"), que depende primordiamente do nível de habilidade do clínico, as respostas às drogas são menos dependentes do nível de habilidade de quem as prescreve. A forma como as drogas são receitadas é importante, claro, mas não varia tanto quanto o como a psicoterapia é conduzida.

Para a maioria dos indivíduos (não todos), os riscos associados aos antidepressivos mais novos são relativamente pequenos quando eles são tomados como prescritos. Eles geralmente não viciam (eu falo "geralmente" porque para algumas pessoas existe a possibilidade de experimentar desconforto ao descontinuar o uso). Também diferentemente dos antidepressivos mais antigos, não é provável que eles sejam letais se alguém, acidentalmente ou deliberadamente, ingerir uma overdose.

Se houver complicações, como acontece com algumas pessoas, elas tendem a aparecer rapidamente. Isso é bom pois o indivíduo pode perceber rapidamente e solicitar mudanças na medicação. Da mesma forma, se existem benefícios, eles geralmente começam a aparecer logo (dentro de algumas semanas) o que torna a continuidade do medicamento mais convidativa.

26. Quais são alguns dos riscos associados ao uso de antidepressivos?

Mesmo que a maioria dos riscos seja mínima em um sentido estatístico, essa constatação não significará muito para você se você está entre os poucos que respondem mal aos antidepressivos. É melhor saber com antecedência quais problemas podem surgir com um determinado medicamento que você está tomando para que possa percebê-los e corrigi-los *antes* que se tornem realmente sérios.

Só 50 a 60% das pessoas respondem bem à primeira droga que tomam. Seu médico, não importa quão habilidoso seja, não pode saber com antecedência como sua química corporal única vai interagir com a droga prescrita. Então, esteja preparado para algumas rodadas de "tentativa e erro", porque é bem possível que você tenha que testar alguns medicamentos antes que encontre um (ou alguma combinação de remédios) que funcione para você.

Qualquer remédio tem o potencial para gerar efeitos colaterais indesejáveis. Para a maioria das pessoas essa é a principal razão dos antidepressivos mais novos serem considerados um grande progresso sobre os mais antigos, pois são menos e mais leves os efeitos colaterais desses novos antidepressivos. Entre os efeitos colaterais mais comuns está a náusea, agitação, letargia, funcionamento sexual prejudicado, insônia, dor de cabeça e tremores. Eles afetam um número pequeno, mas não insignificante, de pessoas. O potencial para efeitos colaterais mais graves existe em uma porcentagem muito pequena de pacientes, especialmente o potencial para desencadear um episódio maníaco. Hoje em dia, as drogas também trazem uma advertência de que tomá-las pode aumentar pensamentos suicidas e possivelmente até mesmo comportamentos suicidas. (Tal fato ainda está sendo debatido, mas o governo dos Estados Unidos, agindo conservadoramente, pediu a permanência dos avisos assim mesmo). Uma inabilidade de tolerar os efeitos colaterais é o motivo principal das pessoas pararem de tomar os medicamentos, e assim elas perdem qualquer benefício em potencial que eles pudessem estar oferecendo. Isso é especialmente verdadeiro para os efeitos colaterais de redução do desejo e excitação sexual.

Os estudos são incertos quanto a um antidepressivo ser clinicamente mais eficaz (ter uma taxa maior de sucesso no tratamento) que outro. Mesmo que se mostre que um determinado medicamento tem consistentemente uma taxa mais alta de sucesso no tratamento, ainda continuamos sem saber como cada pessoa responderá a um remédio antes que efetivamente o tome. Então, a tarefa de descobrir qual medicamento pode ser o melhor para cada indivíduo permanece.

Os antidepressivos normalmente não viciam, mas mesmo assim, algumas pessoas podem desenvolver uma tolerância a eles. A droga "funciona" por um tempo e então para de funcionar. Geralmente, quando isso acontece, ou troca-se a droga para uma da mesma classe, ou a pessoa recebe medicamentos adicionais que têm o que é chamado de "efeito de potencialização da eficácia." Também é importante saber que quando se para de tomar o medicamento antidepressivo, alguns indivíduos experimentarão um processo desagradável de retirada da droga (eufemisticamente chamado pelos médicos de "efeito da descontinuação") o qual tipicamente envolve dores de cabeça e possivelmente náuseas.

Um problema chave com antidepressivos, de um ponto de vista puramente psicológico, é que eles definem que o papel do paciente no tratamento é meramente passivo. Sugerir que "tudo que você tem que fazer é tomar o remédio na hora certa que a depressão vai passar" é uma cilada para o paciente. Mesmo quando os sintomas *realmente* melhoram, os fatores sociais e psicológicos subjacentes não são tratados pela medicação. Assim, o risco de episódios futuros continua. O ponto fraco das abordagens medicamentosas é o fato de as taxas mais altas de recaídas estarem associadas com a medicação como forma exclusiva de tratamento. *Você não pode simplesmente ser passivo e esperar vencer a depressão.* Você deve ser ativo em aprender sobre *seus* fatores de risco e desenvolver as habilidades que você precisa para manejá-los de forma eficaz.

27. Posso tomar antidepressivo se estou grávida ou planejando ficar?

Em geral, há três opções quando a mulher está tomando antidepressivos e já está grávida ou em vias de engravidar:

- Diminuir gradualmente ou descontinuar o uso do antidepressivo antes de tentar a concepção.
- Continuar a tomar o antidepressivo até que ela tenha o teste de gravidez positivo, seguido pela descontinuação imediata do medicamento.
- Continuar a tomar o antidepressivo na gravidez.

Nenhuma pesquisa até o momento mostrou a relação entre o uso de antidepressivos e graves defeitos congênitos. Entretanto, o uso de Paxil (paroxetina HCl), um ISRS, tem sido associado a um risco maior de defeitos cardíacos. Nenhum estudo retrospectivo ou prospectivo encontrou um risco maior de aborto espontâneo ou de má formações congênitas com o uso de Prozac ou qualquer outro tratamento com os antidepressivos ISRS. Mas há evidências de uma ligação entre o uso contínuo de antidepressivos até a vigésima semana de gravidez e um aumento significativo nos casos de hipertensão pulmonar persistente (HPP) em recém nascidos. A HPP envolve uma grave dificuldade respiratória que requer tratamento imediato.

O uso de antidepressivos durante a gravidez envolve muitas incertezas:

- A proporção relativamente pequena de mielina em cérebros fetais permite que medicamentos acumulem-se no sistema nervoso central e não é claro que conseqüências isso pode trazer.
- Possíveis conseqüências comportamentais só agora estão começando a ser estudadas; muito pouco se sabe sobre elas.
- Tomar antidepressivos durante a gravidez expõe o cérebro da criança a agentes psicoativos no momento de seu desenvolvimento máximo.

Assim, a segurança do uso de antidepressivos na gravidez não pode ser garantida, e dado o número relativamente pequeno de pesquisas nessa área, cautela quanto a esse uso é recomendada.

Deve-se ter em mente que a depressão pode ser prejudicial para os fetos em desenvolvimento o que pode justificar o uso de antidepressivos durante a gravidez. Mulheres deprimidas geralmente têm menor chance de cuidar bem de si próprias, de se alimentar bem e ter uma nutrição adequada. Elas também têm menos probabilidade de fazer o acompanhamento pré-natal e mais probabilidade de estarem estressadas e ansiosas. Todos esses fatores, e outros mais, possivelmente geram um ambiente negativo para o feto em desenvolvimento. Bebês nascidos de mães deprimidas também têm maior probabilidade de estar abaixo do peso, o que aumenta outros tipos de risco à saúde. Finalmente, tem sido comprovado que a retirada do antidepressivo durante a gravidez aumenta a probabilidade de uma recaída. Assim, uma mulher deprimida que está grávida ou em vias de ficar tem que pesar todos esses fatores envolvidos na questão. Discutir as opções e variáveis com seu médico é extremamente importante.

Se você está grávida ou pensando em engravidar, tomar antidepressivos é possível, mas especialistas mais conservadores geralmente preferem um tratamento sem antidepressivos, se possível. A psicoterapia pode ser uma alternativa segura e eficaz.

28. Crianças podem tomar antidepressivos?

Na data desta publicação, nos Estados Unidos, somente um antidepressivo, o Prozac, foi especificamente aprovado para o uso com crianças. Na verdade, foi requerido dos fabricantes de antidepressivos que colocassem advertências nos rótulos das drogas indicando que elas podem aumentar pensamentos e comportamentos suicidas em crianças. Há um risco, mas ele parece ser relativamente pequeno.

O fato de haver poucas pesquisas que apóiem o uso de antidepressivos com crianças não tem impedido médicos de os prescreverem regularmente para elas. Você deve saber que há muito pouca informação de qualidade disponível sobre os efeitos dos antidepressivos no desenvolvimento físico e emocional de crianças que já usaram esse tipo de medicamento. De forma semelhante, não foram feitos estudos longitudinais (de mais de 20 anos) em *ninguém* que já fez uso de ISRS. Tais drogas nem mesmo estão no mercado há tanto tempo. Assim, crianças que tomam antidepressivos só podem ser consideradas um “laboratório vivo.” Só o tempo dirá quais são os efeitos a longo prazo de tomar essas drogas na infância.

29. As drogas antidepressivas viciam?

Em um sentido estrito da definição de vício, a resposta é não. Não se considera que os antidepressivos viciem. A grande maioria das pessoas que os toma e então para de tomá-los, não experimenta nenhum sintoma significativo de abstinência. Entretanto, não se deve parar de tomar os antidepressivos de uma só vez. Uma redução gradual, supervisionada pelo médico, é o procedimento típico recomendado pelos especialistas.

Existem alguns indivíduos, uma pequena minoria estatística, que experimentam alguns sintomas desagradáveis ao descontinuar o uso de antidepressivos. Esses sintomas de descontinuação incluem dor de cabeça, náusea, agitação e irritabilidade. Mesmo que os sintomas possam ser desconfortáveis, eles geralmente não são graves.

Conseqüências de longo prazo, como em fazer uso de ISRS por 20 anos, ainda não foram estudadas porque os novos medicamentos ainda não têm essa idade. Muitos ainda nem completaram 10 anos. As informações mais recentes para aqueles que fizeram uso desses medicamentos por até 10 anos não mostram nenhuma complicação grave associada a tal uso, nem um potencial aumentado para o vício.

A maior preocupação nesse assunto relaciona-se à dependência física e emocional. A dependência física está relacionada a necessidade do corpo de doses cada vez maiores do remédio para alcançar o efeito terapêutico. Apesar da dependência física não ser normalmente considerada, uma preocupação relacionada é o fato de uma droga parar de funcionar e uma outra ter que ser testada para se atingir o mesmo efeito. Por razões desconhecidas, um medicamento pode inicialmente funcionar bem e a pessoa passa a usá-lo. Então, ele parece simplesmente parar de funcionar e novos medicamentos passam a ser testados. A freqüência com que isso acontece não é clara e pouco se sabe sobre o que muda e porquê.

Finalmente, no que diz respeito à dependência emocional, é possível que a pessoa passe a contar emocionalmente com as drogas e acredite que "seu humor vem em frascos". Se uma droga é receitada sem uma boa explicação de todos os fatores que influenciam a depressão ou se é falado para você que "tudo que você tem que fazer para equilibrar sua química cerebral é tomar um comprimido", então essa informação pode moldar as reações das pessoas à medicação e até mesmo encorajá-las a uma dependência emocional. Os medicamentos podem ajudar, e realmente ajudam, mas como eu sempre falo a meus clientes: "Você é mais, muito mais, do que a sua bioquímica".

30. Os antidepressivos podem mudar a personalidade de alguém?

Não. Os antidepressivos podem ajudar a reduzir sintomas da depressão e alguns podem até reduzir sintomas da ansiedade. Como alguns sintomas podem ter efeitos muito graves sobre sua vida que literalmente parecem lhe controlar, quando eles diminuem ou desaparecem os resultados algumas vezes podem ser bem dramáticos. Você pode imaginar como deve ser sentir-se capaz de caminhar mais livremente pela vida e não "como se estivesse se movendo através de um melaço", como uma cliente de forma tão hábil descreveu sua depressão. Ter a sua vida de volta, incluindo a sua energia, senso de humor e sociabilidade pode parecer como uma drástica mudança de personalidade, mas, na verdade, o que aconteceu é que os sintomas se foram e o que estava por baixo deles era *você*. Sua personalidade provavelmente não mudou, mas sua habilidade de ter sucesso em sua vida diária pode ter se aperfeiçoado.

31. A depressão pode afetar minha vida sexual?

Homens e mulheres que sofrem de depressão freqüentemente notam mudanças na função sexual. Uma redução ou perda do desejo é o sintoma sexual mais comum que acompanha um episódio depressivo. Quando o desejo é baixo, a excitação sexual é geralmente prejudicada também. Os homens podem sofrer de disfunções eréteis de graus variados (a inabilidade de conseguir e/ou manter uma ereção) e as mulheres podem experimentar excitação sexual inibida (falta de lubrificação e desconforto durante a penetração, falta de sentimentos eróticos durante a relação e dificuldade de atingir o orgasmo). Ambos os sexos podem experimentar uma inabilidade de desfrutar as relações sexuais. Essas dificuldades sexuais podem ser estressantes e fazem com que os sentimentos da depressão piorem, especialmente para os indivíduos que consideram o sexo uma parte importante de seus relacionamentos íntimos e sua sexualidade uma parte importante de sua auto-imagem.

Devido à perda de intimidade física e emocional, a disfunção sexual freqüentemente causa ou contribui para problemas de relacionamento. Se você perdeu o interesse no sexo, você pode notar que está evitando qualquer coisa que possa levar a ele, como carinhos e beijos, ir se deitar na mesma hora que o parceiro ou permitir que ele ou ela lhe veja nu. Tais comportamentos significam evitação sexual e, se mal interpretados, podem levar a infelicidade e conflitos no relacionamento. Se você está experimentando mudanças na função sexual, é importante discutir esses problemas tanto com seu parceiro amoroso, quanto com seu médico ou terapeuta. Os sintomas sexuais geralmente se resolvem quando a depressão desaparece. Entretanto, o tratamento com antidepressivos pode interferir na função sexual.

32. Qual é o efeito da medicação antidepressiva na função sexual?

Os efeitos da medicação antidepressiva variam não só com o tipo de droga prescrita, mas também de indivíduo para indivíduo. Algumas pessoas notam um efeito negativo pronunciado na função sexual mesmo com uma dosagem baixa de antidepressivo, enquanto outras notam uma mudança pequena ou nenhuma. Geralmente os efeitos colaterais sexuais estão relacionados à dosagem, isto é, quanto mais alta a dose, maior é o efeito negativo na função sexual. Já houve relatos de que todos os tipos de antidepressivos produzem efeitos colaterais sexuais, e mesmo aqueles que de alguma forma alegam não causar tais efeitos, admitem que estes efeitos podem ser causados em alguns indivíduos. Efeitos colaterais sexuais comuns desses medicamentos são a redução ou perda do desejo sexual, resposta sexual e prazer diminuídos, dificuldades de ereção e falta de lubrificação na vagina. Além disso, tanto homens quanto mulheres que tomam antidepressivos podem relatar efeitos variados de inibição no orgasmo. Pode ocorrer orgasmo sem prazer e dificuldade ou inabilidade de alcançá-lo.

É muito importante conversar com seu parceiro sobre qualquer mudança notada em seu funcionamento sexual que pareça estar relacionada à medicação. Do contrário, ele ou ela pode pensar na sua falta de resposta sexual para o lado pessoal. Mesmo que pouco possa ser feito pela falta de desejo induzida por medicação, a não ser parar de tomá-la (o que pode ser uma alternativa perigosa para sua depressão) é possível contrabalançar a excitação reduzida na maioria dos casos. Alguns casais acham que a excitação do parceiro pode ser aumentada ao gastar mais tempo que o comum nas preliminares e desfrutar de uma estimulação erótica mais intensa (visual e/ou tátil). A lubrificação artificial é útil quando secura e desconforto são experimentados durante a relação. Bons resultados têm sido relatados com o uso de Viagra por homens que experimentam disfunção erétil induzida por antidepressivo. Quando a dificuldade de atingir o orgasmo é experimentada, os casais podem tentar uma estimulação genital prolongada ou experimentar um vibrador para facilitar o orgasmo tanto em homens quanto em mulheres.

Essas mudanças na função sexual relacionadas às drogas são tipicamente resolvidas à medida que a medicação vai gradualmente sendo retirada. Se sua medicação está causando problemas sexuais, discuta isso com seu médico. Algumas vezes, mudar de medicamento pode ajudar. Você pode também ter em mente que tratamento com algumas formas de psicoterapia, descritas mais adiante, têm uma taxa de sucesso que se equipara, ou mesmo ultrapassa, a taxa do tratamento com antidepressivos. A psicoterapia pode ser preferida por muitas pessoas pelo fato de não haver efeitos colaterais negativos, sexuais ou outros, associados a ela.

33. Eu terei que tomar antidepressivos para o resto da minha vida?

Provavelmente não. Entretanto, esse é um tópico extremamente controverso. A maioria dos especialistas encoraja o uso em curto prazo dos antidepressivos, geralmente por volta de seis a vinte e quatro meses, para obter algum alívio dos sintomas e propiciar um momento para a terapia. Outros têm defendido um uso em médio prazo, de até cinco anos. Só alguns poucos especialistas têm encorajado o uso em longo prazo ou até para a vida toda. Contudo, a maior parte dos especialistas em medicamentos concorda que quanto mais grave e mais recorrente forem os episódios depressivos, maior será a probabilidade das pessoas tomarem os antidepressivos por mais tempo.

Ainda existem muitos fatos desconhecidos sobre o tratamento medicamentoso. É difícil saber exatamente quando começar com a droga e que dosagem será a melhor para um determinado indivíduo. Da mesma forma, é difícil saber exatamente quando interromper o uso. Se a depressão já passou, você deve continuar a tomar a droga para reduzir a possibilidade de recaídas? Muitos médicos acham que sim. Se a depressão já passou, você deve parar de tomar a droga e voltar para sua vida normal sem drogas? Muitos médicos acham que sim. Isso é confuso para as pessoas que querem embasar suas decisões em recomendações profissionais precisas. Nesse assunto, o que você pode conseguir são simples opiniões.

As incertezas associadas à questão de quanto tempo permanecer com a medicação são alguns dos fatores que preocupam as pessoas no que diz respeito ao tratamento medicamentoso, e com razão. Ainda assim, médicos que são habilidosos e bem informados podem usar suas observações e *feedback*, assim como seu histórico e prognóstico, para tomar decisões inteligentes sobre o tratamento com você.

34. E quanto às alternativas naturais aos antidepressivos?

A erva de São João e o suplemento alimentar SAM-e têm sido incessantemente anunciadas na mídia norte-americana. Nenhuma delas está regulamentada como um remédio pelo governo americano e assim existe consideravelmente mais espaço para exageros ao anunciar e promover essas substâncias.

Em primeiro lugar, será que essas substâncias podem realmente ajudar na depressão? A resposta não é clara. Mesmo que exista o suporte de histórias de entusiastas declarando como tais substâncias os ajudaram, um único estudo controlado comparando erva de São João com um placebo (uma substância sem princípios ativos) não mostrou nenhuma diferença significativa entre eles em termos de eficácia. Um único estudo controlado não é muito convincente de qualquer forma. A erva de São João tem sido estudada na Europa, principalmente na Alemanha, onde ela é tão recomendada quanto o Prozac é recomendado nos Estados Unidos. Os estudos parecem promissores, mas não são considerados conclusivos porque a pesquisa não foi conduzida de uma maneira consistente: tanto as dosagens quanto o diagnóstico dos sujeitos de pesquisa variaram nesses estudos.

A SAM-e também requer estudos controlados. Em ambos os casos, as substâncias podem ser benéficas para alguém sofrendo de depressão leve, se acreditarmos nas evidências disponíveis. Mas não foi demonstrado que elas sejam eficazes em depressões mais graves.

Apesar dessas substâncias serem "naturais" (erva de São João é um extrato de erva e SAM-e é uma enzima natural que nossos corpos produzem), em formas artificiais e concentradas, elas são essencialmente remédios. E como qualquer remédio elas causam efeitos colaterais, algo que as pessoas erroneamente acreditam que não irá acontecer. Os efeitos colaterais mais comuns associados com as duas substâncias são sensibilidade à luz, desconforto gastrointestinal e tonturas. Foi mostrado que a erva de São João em particular pode ser potencialmente perigosa quando combinada com outros remédios, tais como medicamentos para a AIDS e os antidepressivos tradicionais. Ao contrário dos antidepressivos tradicionais, você não pode tomar a erva de São João quando estiver grávida ou amamentando. Ambos, a erva de São João e SAM-e levam até 8 semanas para fazer efeito terapêutico, tempo consideravelmente mais longo que os antidepressivos tradicionais.

Como um princípio geral, se você está apenas levemente deprimido e prefere tomar uma substância mais leve e natural aos antidepressivos convencionais, e se está menos preocupado com o fator tempo e a incerteza sobre o grau de eficácia de tais substâncias, então tomá-las pode ser uma opção a ser considerada.

35. Existem outros tratamentos alternativos que podem ajudar na depressão?

Sim. Há muitos tratamentos diferentes descritos abaixo, que têm sido sugeridos por clínicos, que atestam sua eficácia baseada no uso deles com pacientes. Entretanto, a recomendação de um clínico pode não ser objetiva. Muitos dos chamados "tratamentos alternativos" não foram pesquisados suficientemente para que se possa afirmar se funcionam ou não.

Os tratamentos seguintes têm *algum* apoio na literatura científica e pode valer a pena tê-los como parte de um plano de tratamento mais completo, mas ainda não há evidência suficiente para se falar definitivamente que são tratamentos eficazes: Acupuntura, Exercício Físico, Hipnose, Cinesiologia/Terapia do movimento, Neurofeedback, EMDR, erva de São João e SAM-e.

Os seguintes tratamentos não têm nenhum apoio na literatura científica: Trabalhos de Cura ("Canalização de Energia"), Renascimento, Oxigenoterapia, Terapia de Vitaminas, Terapia de Regressão a Vidas Passadas, Feng Shui, Cristais, Aromaterapia e Massagem.

Alguns "tratamentos alternativos" à psicoterapia ou medicamentos podem ser eficazes? É bem possível. Mas tenha em mente que as limitações do tratamento medicamentoso indubitavelmente existirão em *qualquer* tratamento. Qualquer coisa que se foque somente no indivíduo, ou mais reducionisticamente na fisiologia dele, irá ignorar os fatores sociais e psicológicos que já se sabe contribuem para a depressão. Ainda não existe e nunca existirá uma pílula milagrosa para a depressão, assim como não existirá para problemas sociais mais amplos como o abuso infantil ou a prostituição.

36. Alguém pode precisar ser hospitalizado por causa da depressão?

Isso depende do indivíduo e da situação no momento em que a hospitalização está sendo considerada. A internação em uma unidade especializada de saúde mental oferece algumas vantagens e desvantagens. De forma geral, quando a depressão está tão grave e prejudicial que demanda um monitoramento mais próximo e um cuidado mais intensivo, admissão em uma unidade de saúde mental é considerada benéfica. Outra condição para admissão pode ser a presença de sentimentos ou ideação suicida, principalmente em alguém que já tentou suicídio antes. Em tais casos, o hospital pode ser um lugar seguro para preservar a vida. É uma verdadeira tragédia quando alguém acaba com sua vida, uma decisão irrevogável, com base na depressão, um fenômeno tipicamente temporário.

Outras condições para admissão em um hospital podem ser:

1) se as circunstâncias de vida são tão caóticas e estressantes que a pessoa só pode melhorar se for retirada dessas circunstâncias, mesmo que temporariamente;
2) usar o "sistema fechado" do hospital para estabilizar o comportamento ("fazer a pessoa andar de novo com

as próprias pernas") e/ou estabilizá-la com os medicamentos;

3) se alguém vai realizar o procedimento chamado ECT (eletroconvulsoterapia), que muitos ainda chamam de "tratamento de choque" (discutido na pergunta 37).

A hospitalização também tem desvantagens. Hospitais são instituições médicas e não deve ser nenhuma surpresa que a abordagem do tratamento seja primordialmente médica. As unidades de saúde mental são geralmente dirigidas por psiquiatras (médicos) e os funcionários são em sua maioria enfermeiras de saúde mental. A maior parte das unidades hospitalares concordará com intervenções psicossociais e incluirá psicólogos e terapeutas ocupacionais em suas equipes, mas eles são invariavelmente considerados de importância secundária em relação aos medicamentos e ao ambiente controlado do hospital.

Ensinar aos pacientes a se identificar como "doentes", com a "doença" da depressão, ao mesmo tempo que esperam passivamente que os medicamentos os "curem," não é geralmente a perspectiva de tratamento mais útil para aqueles que sofrem de depressão. Algumas vezes, o "tempo fora de circulação" no hospital pode oferecer grande alívio e recuperação em relação aos estresses da vida. Algumas vezes, contudo, isso faz as pessoas se sentirem ainda mais frágeis e sensíveis aos estresses quando têm que voltar e encará-los no "mundo real" novamente.

A decisão de ser hospitalizado, pode ser considerada extrema e certamente requer a consideração de mais fatores do que o tratamento sem internação. A maioria dos que sofrem de depressão não caem na categoria "grave" ou requerem um tratamento extremo. Essa é uma decisão para ser feita com cautela. Uma consideração final, claro, é o custo. A internação pode ser muito cara e quase inacessível para muitas pessoas se elas não têm um plano de saúde adequado. Nem todos os planos cobrem internação ou tratamento ambulatorial para casos de transtornos mentais, então a pessoa deve verificar quais são suas opções de cobertura.

37. O que é a Eletroconvulsoterapia (ECT ou "Tratamento de Choque") e ela funciona para a depressão?

Antigamente chamado de "tratamento de choque", o termo técnico para o procedimento é "eletroconvulsoterapia" ou ECT. Ele envolve a passagem de uma corrente elétrica pelo cérebro para induzir um choque. Há não muito tempo atrás, reações públicas negativas e estudos relativamente pobres sobre sua eficácia real levaram o uso da ECT ao declínio. Entretanto, nos últimos anos, o uso da ECT tem aumentado de novo, quase que exclusivamente nos casos mais graves de depressão. Um número crescente de estudos oferece apoio ao valor da ECT no tratamento de depressões graves, especialmente para aqueles pacientes que não respondem a nenhum outro tipo de tratamento e cuja depressão é uma ameaça em potencial à vida.

Quando a depressão é tão grave que a pessoa está em perigo físico por causa dos sintomas, ou quando o transtorno assumiu uma forma psicótica (com pensamentos delirantes ou alucinações), a ECT pode ser prescrita. Um procedimento individual de ECT leva por volta de 20 minutos do começo ao fim, apesar da passagem da corrente elétrica pelo cérebro levar apenas alguns segundos. O resto do tempo é gasto administrando a anestesia e os relaxantes musculares, esperando que eles façam efeito e reanimando o paciente quando o procedimento acaba. Um anestesista está presente e administra os medicamentos e regula a respiração do paciente enquanto ele está sob o efeito da anestesia. As ondas cerebrais do paciente também estão sendo monitoradas para garantir o grau e a qualidade do choque. Condutores de eletricidade são então colocados na têmpora, ou têmporas, do paciente e o médico passa uma corrente relativamente baixa só em uma têmpora (a camada ECT unilateral), ou em ambas as têmporas (a chamada ECT bilateral), dependendo do julgamento clínico do médico e de seu plano de tratamento. O paciente experimenta então uma convulsão (ataque) que pode durar de alguns segundos a até cerca de um minuto. Os medicamentos inibem a maioria das reações visíveis. Geralmente, tudo que um observador vê da convulsão é uma "onda" que se espalha através do corpo, uma vibração corporal leve e uma contração dos dedos dos pés. Depois de pouco tempo são dados à pessoa os antídotos da medicação e ela é estimulada para voltar ao grau de consciência normal. Geralmente o paciente fica desorientado e reclama de dor de cabeça. A ECT geralmente é feita em séries de 10 a 15 sessões separadas, administradas no decorrer de várias semanas.

A ECT não é livre de riscos. Fisicamente, por ser feita sob anestesia geral, ela tem o mesmo nível de risco de uma cirurgia qualquer (pequeno, mas não insignificante). Neurologicamente, a passagem de uma corrente elétrica pela cabeça de alguém tem um efeito desorganizador nesse órgão químico e elétrico chamado cérebro. Na verdade, é esse efeito desorganizador do choque que se acredita ser o fator de ajuda do procedimento. Como o cérebro tem que se reorganizar eletricamente, ele pode fazer isso com uma restauração do equilíbrio químico. (Essa é uma mera teoria, pois ninguém sabe realmente o que a ECT faz). É provável que algumas células cerebrais sejam danificadas como resultado desse tratamento. A queixa mais comum de pacientes depois de se submeter a ele é a perda de memória de curto prazo. Alguns pacientes sentem que eles trocaram algumas memórias de curto prazo por alívio da depressão. (Opiniões sobre essa troca ser justa variam). Mas em alguns casos, quando a pessoa estava muito deprimida para comer ou se mover e sua vida estava literalmente em perigo e depois da ECT foi capaz de funcionar novamente, apesar de alguma perda possível de memória, muitas pessoas afirmam que a ECT foi bem indicada.

A ECT é um tratamento relativamente extremo que deve estar na categoria de "último recurso." Alguns médicos são muito mais casuais sobre esse tratamento que outros, mas você não deve ser. Uma consideração cuidadosa sobre os custos e benefícios da ECT deve ser feita antes de tomar a decisão de se submeter ou não a essa intervenção.

38. Existem novos remédios ou procedimentos sendo desenvolvidos para a depressão?

Sim. Na verdade, na data desta publicação existem mais de vinte novos medicamentos para depressão sendo testados clinicamente. Vai levar por volta de três a dez anos antes que qualquer um deles seja aprovado para o uso geral. Para isso estes remédios devem demonstrar tanto eficácia quanto segurança.

Um outro procedimento novo só recentemente aprovado para o uso nos Estados Unidos é chamado "Estimulação do Nervo Vago". Essencialmente um marcapasso cerebral, um pequeno dispositivo com bateria é implantado cirurgicamente no peito do paciente, com eletrodos conectados ao nervo vago, o qual passa através do pescoço chegando até o cérebro. A teoria subjacente é que algumas áreas do cérebro trabalham menos do que deveriam em pessoas deprimidas (essa é uma evidência presente em estudos de neuroimagem de pacientes deprimidos), e que ao mandar impulsos elétricos para o cérebro, tais áreas podem ser estimuladas. Em pesquisas experimentais iniciais, uma porcentagem significativa dos pacientes que não tinham respondido a outros tratamentos, responderam com alguma melhora e efeitos colaterais mínimos.

Um procedimento chamado "Terapia do Choque Magnético" ("Magnetic Seizure Therapy") usa um campo magnético de alta intensidade para induzir um choque. Como na ECT, esse procedimento requer anestesia e o monitoramento dos sinais vitais. Diferentemente da ECT, o campo pode ser limitado a áreas específicas do cérebro que estão afetadas, causando menos efeitos colaterais cognitivos e menos déficits de memória em comparação com a ECT.

Há também um procedimento relativamente novo para depressão sendo pesquisado clinicamente, a "Estimulação Magnética Transcraniana (EMT)". O paciente se senta e um dispositivo que parece uma auréola é colocado diretamente sobre a cabeça da pessoa. Um campo magnético passa então por esse dispositivo, presumidamente afetando o campo elétrico natural do cérebro e causando uma mudança eletroquímica. A EMT tem beneficiado uma porcentagem significativa (quase metade) dos pacientes deprimidos que não tinham respondido a outros tratamentos e com efeitos colaterais leves. Na data desta publicação, a EMT ainda é um procedimento experimental e não estará disponível para o uso geral até que sua eficácia e segurança sejam testadas mais a fundo.

Um outro procedimento sob investigação atualmente é chamado de "Estimulação Cerebral Profunda" ("Deep Brain Stimulation"). Esse é um procedimento cirúrgico invasivo que envolve a implantação de geradores internos de pulsos nos dois lados da parede do peito e a perfuração do crânio para a colocação de eletrodos no cérebro. Pulsos elétricos para os centro do humor no cérebro talvez possam ajudar nos sintomas depressivos.

Como você pode avaliar, todas essas abordagens de tratamento são puramente biológicas. Assim, elas seguramente terão um valor limitado no tratamento se forem usadas como única intervenção.

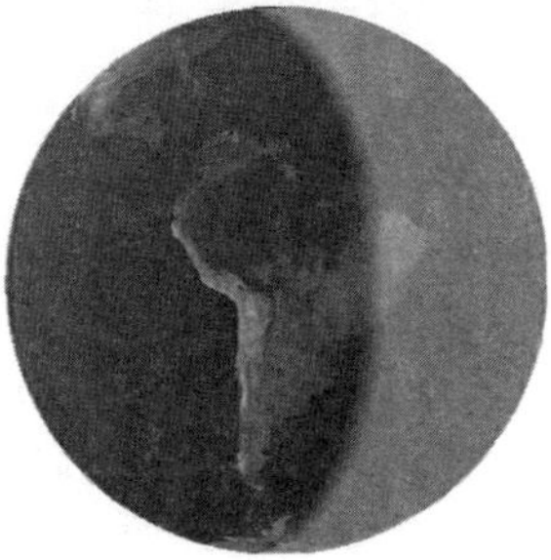

TERCEIRA PARTE

Psicoterapia

Peguntas da Terceira Parte

39. O QUE É PSICOTERAPIA?
40. COMO ALGUÉM PODE SABER QUANDO PRECISA DE PSICOTERAPIA?
41. O QUE DEVO FAZER SE PENSAR EM SUICÍDIO?
42. A PSICOTERAPIA ("TERAPIA DA FALA") REALMENTE FUNCIONA?
43. O QUE É UM "PSICOTERAPEUTA QUALIFICADO?"
44. COMO EU ENCONTRO UM BOM PSICOTERAPEUTA?
45. QUAL É O MELHOR TIPO DE PSICOTERAPIA PARA A DEPRESSÃO?
46. É PRECISO FAZER PSICOTERAPIA POR ANOS PARA MELHORAR?
47. QUAIS SÃO AS EXPECTATIVAS QUE A PESSOA DEVE TER EM RELAÇÃO À PSICOTERAPIA?
48. O QUE ACONTECE EM UMA SESSÃO TÍPICA DE PSICOTERAPIA?
49. AS PESSOAS GERALMENTE VÃO À PSICOTERAPIA SÓS OU COM O CÔNJUGE E/OU A FAMÍLIA?
50. O QUE ACONTECE QUANDO A PSICOTERAPIA TERMINA?

39. O que é psicoterapia?

Há diversas formas de psicoterapia, e conseqüentemente, pessoas diferentes a definiriam e descreveriam diferentemente. Contudo, o que há de comum a todas as psicoterapias é o fato de estabelecer um relacionamento com um profissional qualificado que oferece um contexto seguro e de apoio para ajudar você a falar sobre suas preocupações e desenvolver formas melhores de manejar sua vida. O trabalho do psicoterapeuta é ajudar a melhorar a vida das pessoas, oferecendo apoio, orientação, encorajamento, informação e o que mais for necessário para ajudá-las a ter vidas mais satisfatórias.

40. Como alguém pode saber quando precisa de psicoterapia?

Há sinais claros que lhe dizem quando você precisa de ajuda, se você se dispuser a perceber e respeitá-los. Entretanto, a tendência natural quando você está deprimido é não querer fazer *nada*, nem mesmo aquelas coisas simples que podem ser de grande ajuda. Então, mesmo que você não queira fazer nada para se ajudar, se você realmente quer superar a depressão, você terá que encontrar uma forma de driblar sua relutância e dar-se um pequeno empurrão para obter ajuda *ativamente*.

Aqui estão algumas formas de saber quando você precisa de ajuda profissional:

1) Se você está deprimido e não tem nenhuma idéia do motivo ou do que fazer a respeito;
2) Se você está sofrendo de sintomas perturbadores que interferem com sua qualidade de vida de maneira direta ou indireta;
3) Se sua depressão está afetando negativamente as pessoas que você ama, especialmente seu cônjuge e filhos. Talvez você esteja recebendo *feedback* de outras pessoas de que você precisa de ajuda e talvez você saiba disso, mas não queira encarar o fato. Neste caso, a única coisa responsável a se fazer é obter ajuda;

4) Se sua depressão o levou a desenvolver pensamentos de morte ou suicídio. Esse é um motivo importante para procurar ajuda imediatamente;

5) Se você não tem uma pessoa próxima a quem possa confidenciar coisas e de quem possa receber *feedback*, e que também possa desafiá-lo e desviá-lo de alguns, ou todos, os seus pensamentos e comportamentos depressivos;

6) Se você tem episódios depressivos recorrentes;

7) Se você está deprimido e tem que tomar decisões importantes em sua vida (como pedir divórcio, demitir-se ou aceitar um emprego, abandonar a escola) e sua depressão pode levá-lo a tomar uma decisão ruim e da qual você acabará se arrependendo profundamente mais tarde. A depressão é geralmente um estado mental inadequado para se estar quando você toma decisões que podem mudar a sua vida.

***Aja agora!* Cada dia que é dado à depressão espaço para se agravar, é mais um dia perdido em sofrimento desnecessário. Se você sabe que precisa de ajuda, o melhor é agir *imediatamente*.**

41. O que devo fazer se pensar em suicídio?

Procure ajuda imediatamente. O perigo eminente é que no impulso de um momento desesperador, você possa tomar uma decisão irreversível e que tragicamente desperdiça uma valiosa vida humana - a sua. Em todos os meus anos de prática clínica, **eu nunca atendi alguém que realmente desejasse morrer. Eu freqüentemente atendi pessoas que simplesmente não conseguiam mais suportar a dor.** O que acontece é que tais pessoas só não conseguem projetar-se o suficiente no futuro para perceber que as coisas podem mudar. A desesperança é um ponto de vista, não uma realidade. Quando a depressão é grave o suficiente para que o suicídio pareça uma opção viável, você precisa reconhecer que suas percepções estão "desligadas". Busque ajuda. Busque idéias com os outros. Busque um aliado que te ajude a ver soluções que se encontram além de sua dor emocional. Ligue para um psicoterapeuta. Ligue para um serviço telefônico de apoio a pessoas que pensam em suicídio. Vá até um hospital ou clínica. Faça alguma coisa, *qualquer coisa*, para obter a ajuda que você precisa para voltar a um curso positivo de vida.

Quando você está em meio à depressão é difícil acreditar que a dor passará, que a vida pode dar voltas e ser melhor do que você jamais imaginou. Mas ela pode e você tem que estar aqui quando isso acontecer.

42. A psicoterapia ("terapia da fala") realmente funciona?

Um enfático "SIM!" A psicoterapia funciona, e funciona muito bem. Milhares de estudos científicos têm mostrado que várias formas de psicoterapia são não só eficazes no tratamento da depressão, mas são também pelo menos tão eficazes quanto medicamentos antidepressivos. E, em alguns aspectos específicos, a psicoterapia pode ser até mesmo *mais* eficaz que os antidepressivos (como no ensino de habilidades de prevenção). Entretanto, nem todas as psicoterapias são igualmente eficazes. Algumas são melhores no tratamento da depressão que outras, como discutido na resposta à pergunta 45.

A psicoterapia, como o medicamento, é eficaz no que diz respeito em reduzir os sintomas e melhorar as perspectivas da pessoa. Mas onde ela realmente se destaca é na sua capacidade de ensinar habilidades específicas que não só reduzem a depressão, mas diminuem as chances de recaídas futuras.

Para que a psicoterapia funcione, você tem que vir às sessões e participar. Inicialmente, pode ser difícil para você fazer isso, mas você tem tudo a ganhar. O que pesquisas de acompanhamento de clientes de psicoterapias mostram é que eles acabam apreciando muito mais a experiência de psicoterapia e valorizando muito mais seu relacionamento com o psicoterapeuta do que quando simplesmente são dados a eles os medicamentos. Portanto, não só a psicoterapia é eficaz como as pessoas tipicamente consideram a experiência muito positiva.

43. O que é um "psicoterapeuta qualificado?"

Existem muitas formas diferentes de psicoterapia e muitos tipos diferentes de psicoterapeutas. No sentido mais amplo, um psicoterapeuta é alguém que oferece tratamento psicológico.

Um psicoterapeuta deve ter um certificado e uma licença para praticar sua profissão. Tal licença só é conferida pelos órgãos de regulamentação da profissão (como os Conselhos Regionais de Psicologia, CRPs) quando alguém tem um diploma válido de alguma universidade reconhecida pelo MEC, demonstrando que concluiu sua formação de psicólogo, geralmente (mas nem sempre) seguida por uma prática clínica supervisionada. Você pode ter uma boa idéia da reputação e nível de capacitação da pessoa conversando com colegas de profissão dele e clientes mais antigos.

O psiquiatra é um médico que é especializado em tratar transtornos psicológicos e emocionais. Geralmente, os psiquiatras consideram os problemas psicológicos como produto de um funcionamento cerebral defeituoso. Como os psiquiatras geralmente acreditam que os medicamentos são a melhor forma de ajudar as pessoas, é menos provável que eles se envolvam com terapia da fala como outros tipos de terapeutas. Entretanto, cada psiquiatra é um indivíduo e alguns realmente praticam a terapia da fala como parte da sua abordagem de tratamento.

O psicólogo clínico é especializado em diagnosticar e tratar transtornos emocionais e psicológicos. Seu foco está geralmente nos aspectos psicológicos e sociais de um transtorno, os quais são especialmente relevantes no transtorno depressivo. Psicólogos tendem a se concentrar na exploração e clarificação de pensamentos, sentimentos, comportamentos e relacionamentos da(s) pessoa(s) que eles estão tratando, usando "terapias da fala", isto é, conversando e educando o cliente ao mesmo tempo em que resolve problemas.

De acordo com pesquisas sobre eficácia clínica, não é o diploma que o profissional tem que determina a eficácia de seu trabalho, mas sim a habilidade do psicoterapeuta de oferecer um bom ambiente de aprendizado, que não seja só de acolhimento e apoio, mas também orientado para uma meta. Um conhecimento avançado e uma vasta prática no tratamento da depressão seriam obviamente antecedentes essenciais de um psicoterapeuta qualificado.

44. Como eu encontro um bom psicoterapeuta?

Você terá que "investigar." Psicoterapeutas geralmente são pessoas bem intencionadas e com um desejo sincero de ajudar os outros. Mas a psicoterapia é tanto uma arte quanto uma ciência, talvez pelo menos o mesmo tanto de cada uma, assim há muito espaço para o julgamento clínico influenciar o curso do tratamento. O julgamento de algumas pessoas simplesmente não é tão bom quanto o de outras. Por isso, você deve procurar alguém que tenha uma boa formação acadêmica, que seja positivo e empático como pessoa, que tenha uma vasta experiência clínica no tratamento de pessoas deprimidas, que esteja atualizado com as pesquisas científicas da área, que tenha uma boa reputação na comunidade e que esteja disponível para lhe oferecer um tratamento de forma consistente.

Não vá simplesmente ao catálogo telefônico ou ao quadro de avisos do restaurante de comida natural para encontrar um psicoterapeuta. Comece pela família e amigos e pergunte a eles se já se consultaram com um psicoterapeuta que gostaram e que foi eficaz. Peça indicação ao médico da família também (mas esteja atento ao possível "corporativismo" que pode levá-lo ao consultório de um psiquiatra ou colega médico e à medicação imediata, que pode não ser o que você queira). Entre em contato com o

Conselho Regional de Psicologia local e peça indicação de profissionais especializados em depressão.

De posse das indicações, ligue para os profissionais. Esteja preparado para uma entrevista breve para que você descubra alguém com quem se sinta confortável. É perfeitamente aceitável conversar com um profissional por alguns minutos (não por meia hora ou mais) sobre suas preocupações e fazer a ele ou ela as seguintes perguntas:

1. Qual é sua formação e experiência clínica?
2. Você tem treinamento especializado no tratamento da depressão? Se afirmativo, qual?
3. Como você geralmente trata de problemas como o meu?
4. Você tem disponibilidade para consultas regulares?
5. Que resultados posso esperar de seu trabalho se eu o escolher como psicoterapeuta?
6. Qual é o valor e duração de suas sessões?
7. Você envolve os membros da família no tratamento? Se afirmativo, quando?

Ao fazer tais perguntas e ouvir cuidadosamente as respostas, você terá uma noção de quem o clínico é como pessoa e como ele trata casos como o seu. Se você gostar do que escutar, marque uma sessão e planeje usá-la como um tempo a mais de “investigação”. Se você não gostar da pessoa ou não desenvolver confiança de que ela pode ajudar, continue então a procura por alguém com quem trabalhar. Pode ser difícil fazer isso quando se está deprimido, mas encontrar um psicoterapeuta habilidoso e capacitado é crucial. Um bom psicoterapeuta pode ser, de muitas formas, um salva-vidas.

45. Qual é o melhor tipo de psicoterapia para a depressão?

As pesquisas clínicas têm demonstrado a eficácia de algumas formas de psicoterapia ao ajudar as pessoas a superar a depressão. Outras abordagens também têm se mostrado eficazes, mas ainda não foram pesquisadas o suficiente para que se possa fazer alguma afirmação cientificamente comprovada sobre a sua eficácia. De forma geral, é uma boa idéia buscar psicoterapeutas que possuem experiências bem sucedidas no tratamento da depressão.

A *abordagem cognitiva* concentra-se na relação entre pensamentos (chamados "cognições") e humor. Pessoas deprimidas estão mais propensas a ter pensamentos negativos, dolorosos e perturbadores, que podem tanto causar quanto manter a depressão. Tais pessoas geralmente cometem erros em sua forma de pensar (como levar as coisas para o lado pessoal ou tirar conclusões negativas e dolorosas precipitadamente e sem evidências objetivas) que podem ser identificados e corrigidos com a ajuda de um bom psicoterapeuta que use a abordagem cognitiva em seu trabalho.

A *abordagem comportamental* concentra-se nos comportamentos associados à depressão, particularmente aqueles que são auto-destrutivos (como impulsividade, abuso de álcool ou manejo ruim de tempo). O tratamento com técnicas comportamentais enfatiza o aprendizado de como ser mais eficaz nas coisas que você faz para que você possa se sentir melhor consigo mesmo.

Devido à freqüente relação entre o transtorno depressivo e relacionamentos dolorosos com outras pessoas, a *abordagem interpessoal* pode ser adequada para o tratamento por ter o seu foco nos relacionamentos. Pessoas que amamos morrem, amigos e parceiros nos deixam, ou filhos, colegas de trabalho e chefes às vezes nos tiram do sério. O tratamento com técnicas interpessoais aborda as questões de relacionamento e ensina as habilidades necessárias para manter saudáveis relacionamentos, melhorar os que estejam ruins e ajustar-se bem às mudanças advindas de eventos como a morte ou o divórcio. Os psicoterapeutas que usam o modelo de tratamento interpessoal podem muitas vezes ser terapeutas de casais, de família e sistêmicos.

Tudo isso pode ajudar no momento de escolher o psicoterapeuta para tratar do seu problema. Se você sabe ou suspeita que seu pensamento está "desajustado", pode ser interessante buscar um psicoterapeuta que utilize técnicas da abordagem cognitiva. Se seus comportamentos contribuem para seu sofrimento, você pode procurar um psicoterapeuta que trabalhe com técnicas comportamentais. Se seus relacionamentos te ferem, então um psicoterapeuta que trabalhe com o modelo interpessoal pode ser adequado. Um psicoterapeuta com uma boa bagagem de conhecimentos deve integrar em sua prática pelo menos uma, ou todas essas abordagens, sozinhas ou em combinação.

46. É preciso fazer psicoterapia por anos para melhorar?

Não. Quando o problema é uma depressão maior, e não existem outros problemas psicológicos ou físicos sérios co-existentes (co-mórbidos) para complicar as coisas, a psicoterapia é geralmente um processo relativamente de curto prazo. Em outras palavras, estes tratamentos não se estendem por anos como acontecia com algumas abordagens no passado. A principal razão para o tratamento mais breve é que os psicoterapeutas aprenderam que não é necessário gastar um tempo incalculável explorando sua infância para melhorar seu futuro. O tratamento geralmente concentra-se em identificar o que precisa ser feito para ajudá-lo em sua vida agora e como fazê-lo. A maioria das pessoas terá um número de sessões que varia de algumas poucas até por volta de vinte. Normalmente elas notarão algum grau de melhora depois de algumas semanas e se sentirão muito melhor depois de alguns meses. Uma vez que a depressão passou, é provável que ainda haja mais algumas sessões para prevenir possíveis recaídas.

Contudo, os problemas da pessoa podem ser mais complexos que somente a depressão maior. Às vezes a pessoa também está bebendo muito, ou tendo ataques de pânico, ou está em um relacionamento violento, ou sofre algum problema entre tantos que podem ser pelo menos tão imediatos quanto a depressão. Em tais casos, a psicoterapia pode durar mais do que algumas sessões para superar os múltiplos problemas. Mas os mesmos princípios chave se aplicam: o objetivo da psicoterapia é ajudar e o processo deve ser ativo no que diz respeito à solução do problema e deve mostrar um progresso regular em direção a metas específicas.

47. Quais são as expectativas que a pessoa deve ter em relação à psicoterapia?

É essencial que suas expectativas em relação à psicoterapia sejam realistas para evitar o desapontamento. Você deve esperar que um clínico qualificado colha informações relevantes sobre seus sintomas e os muitos fatores que podem ter contribuído para eles. Você deve esperar que o clínico te dê apoio (apesar de ser livre para discordar de você de uma forma respeitosa) e seja um aliado bem vindo no tratamento de seus problemas. Ele ou ela deve concentrar-se claramente na redução de sintomas e no tratamento de problemas associados. A psicoterapia deve concentrar-se no desenvolvimento de habilidades específicas, seja pensar mais claramente, ter comportamentos mais eficazes e/ou habilidades de relacionamento. Ela também deve oferecer um ambiente confortável para falar sobre as coisas acima e aprendê-las. Você deve esperar um consentimento informado - uma discussão das abordagens a serem usadas no tratamento e porque, para que você possa decidir se concorda e quer seguir o plano de tratamento proposto. Você pode esperar que suas opiniões sejam valorizadas. Você deve esperar que seu psicoterapeuta lhe dê coisas para fazer ("tarefas de casa") e coisas para ler entre as sessões (e você deve fazê-las!). Você deve esperar que a pessoa faça uso de outros recursos (como medicamentos e grupos de apoio ou terapêuticos) quando apropriado. Você deve esperar que tudo que for dito entre vocês será guardado em confidencialidade. (A confidencialidade só pode ser quebrada se você representar perigo para si próprio ou outros, ou se está abusando de uma criança ou idoso).

Você *não* deve esperar que o psicoterapeuta seja um amigo ou pai(mãe) substituto(a). O relacionamento de vocês pode ser próximo, mas ainda é profissional. E mesmo que você possa esperar que o clínico lhe dê apoio, você não deve esperar que ele te apóie em tudo, ou concorde com tudo que você diz. Conseqüentemente, você pode esperar algumas vezes ouvir coisas que preferiria não ouvir, ou ser "pressionado" a fazer coisas com as quais está um pouco desconfortável, mas apenas quando você puder perceber a sabedoria em aprender uma habilidade importante fora de sua "zona de conforto". Você pode esperar ser "empurrado" um pouco, mas de uma forma aceitável. Você deve esperar retornos de telefonemas, mas não deve esperar ter sessões espontâneas ao telefone, exceto em circunstâncias muito urgentes. Você deve esperar discutir abertamente qualquer um ou todos os fatores de seu trabalho juntos, incluindo tempo, horários, pagamento, expectativas, desapontamentos e a qualidade de seu relacionamento.

Em resumo, você deve esperar o oferecimento de profissionalismo a serviço de metas psicoterapêuticas claras.

48. O que acontece em uma sessão típica de psicoterapia?

Conversa, compartilhamento, educação, confronto, apoio, risada, choro, experimentação e crescimento. Geralmente o cliente começa contando ao psicoterapeuta os eventos que aconteceram desde a sessão anterior, as coisas que ele(a) começou a fazer diferente ou que está notando de mudança em seus sintomas desde a sessão anterior. Algumas vezes, o cliente irá contar ao psicoterapeuta eventos significativos que ocorreram entre as sessões, outras vezes, a discussão simplesmente é retomada do ponto onde foi deixada da última vez. A discussão tipicamente concentra-se em ensinar habilidades específicas ao cliente para tratar melhor de preocupações em curso. O psicoterapeuta também geralmente oferece orientação quanto ao que o(a) cliente pode fazer para agir de forma mais eficaz em relação a alguma situação ou problema.

A qualidade da interação entre psicoterapeuta e cliente pode variar bastante dependendo das circunstâncias e estilo de tratamento. Alguns psicoterapeutas tendem a perguntar e pedir que você explore seus sentimentos, enquanto outros tendem a discutir alternativas para resolver os problemas com os quais você está lidando. Alguns podem hesitar a dar orientações diretas quanto ao que fazer, enquanto outros serão diretos ao ajudá-lo a desenvolver um plano e incentivá-lo a seguir o plano.

As sessões geralmente duram de 45 a 60 minutos. Nesse tempo, muitos tópicos podem ser considerados, ou o foco da sessão pode ser uma questão específica. Geralmente o psicoterapeuta também sugerirá coisas para você ler ou exercícios para você fazer como "tarefas de casa" que o ajudará a desenvolver as habilidades que ele(a) considera importantes para você aprender. (pesquisas mostram que as pessoas que fazem as tarefas de casa e são ativas no processo psicoterapêutico têm uma taxa melhor e mais rápida de recuperação.) Sempre tenha em mente que *a psicoterapia não é feita para você, ela é feita com você.* Suas necessidades e desejos desempenham um papel importante na forma como as sessões de psicoterapia se desdobram.

49. As pessoas geralmente vão à psicoterapia sós ou com o cônjuge e/ou a família?

Não há regras fixas. Geralmente, se sua depressão está relacionada a algo sobre sua família ou casamento é melhor incluir membros da família no processo de psicoterapia. O mesmo é verdade se sua depressão os está afetando agora ou já os afetou no passado (como seus filhos assumirem suas responsabilidades se você estava muito para baixo para desempenhá-las, ou seu cônjuge ter que trabalhar por você, ou se você estava afastado emocionalmente deles e impedia a proximidade familiar). Pode ser difícil de escutar o que a outra pessoa tem a dizer, mas se você está deprimido e não considerou como sua depressão afeta as pessoas a sua volta, você pode perguntar a elas. É possível que elas te contem coisas que você disse ou fez que as machucaram, e mesmo que seja doloroso para você em um primeiro momento, isso abre uma comunicação que pode fortalecer o relacionamento e torná-lo melhor, principalmente quando você usa o contexto da psicoterapia como um lugar seguro para tratar e resolver tais questões. É um grande passo perceber que a depressão afeta mais pessoas do que somente o indivíduo que sofre dela.

Mesmo que você reconheça que incluir outros em seu tratamento faça sentido, você pode ainda querer algumas sessões individuais iniciais com o psicoterapeuta para clarear suas questões e desenvolver uma estratégia razoável para tratá-las. Quando você conversar inicialmente com psicoterapeutas, você pode contar a eles que está pensando em sessões individuais a princípio, mas que em breve gostaria de trazer outros membros da família (supondo-se que eles estão dispostos a participar, como gostaríamos que estivessem). Certifique-se que o psicoterapeuta saiba que você eventualmente deseja incluir outros nas suas sessões de psicoterapia, porque alguns psicoterapeutas só trabalham individualmente. Então vocês dois podem decidir juntos qual seria o melhor momento para trazer outros para participar.

Algumas vezes, as pessoas que finalmente decidem fazer psicoterapia ficam ansiosas, tímidas ou hesitantes quanto a isso. Se alguém quer que um amigo ou familiar o acompanhe para a sessão e o aguarde na sala de espera, isso está perfeitamente bem para a maioria dos clínicos. Eles estarão dispostos a fazer o que for necessário para iniciar o processo de recuperação.

50. O que acontece quando a psicoterapia termina?

Quando você e seu psicoterapeuta concordam que não só a sua depressão passou, mas os fatores de risco para uma recaída já foram tratados, você pode decidir finalizar a psicoterapia. Muito bom! Ninguém deve estar em psicoterapia por mais tempo do que precisa. Em seguida começa a fase de ajustar-se de volta a vida normal, munido de um novo conhecimento, uma nova consciência e novas estratégias para lidar com os desafios da vida sem ficar sobrecarregado ou cair de volta nos antigos padrões da depressão. Espera-se que através da psicoterapia você terá aprendido bastante sobre o que é necessário para criar uma vida satisfatória e equilibrada para você mesmo.

Contudo, às vezes a vida nos traz coisas inesperadas e *realmente* ficamos sobrecarregados. Mesmo que sua psicoterapia formal possa ter terminado, seu relacionamento com o psicoterapeuta está bem estabelecido. *Antes* que as coisas piorem, *antes* que você caia em outro episódio depressivo e *antes* que desenvolva sintomas graves, volte ao psicoterapeuta para aprender sobre como lidar com esse momento difícil e impedir que ele fique pior. SEMPRE se esforce para resolver os problemas o mais rápido possível, previna-os sempre que possível, e use seus recursos para manter a depressão à distância. A psicoterapia pode terminar, mas voltar para sessões adicionais quando as coisas ficam difíceis é a coisa mais inteligente a se fazer. Essa é uma forma muito simples de impedir que as coisas se deteriorem.

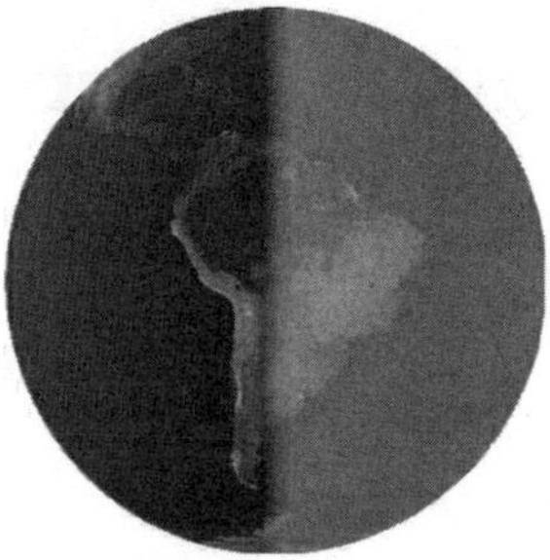

QUARTA PARTE

O Lado Social da Depressão

Perguntas da Quarta Parte

51. O QUE HÁ DE SOCIAL NA DEPRESSÃO?
52. QUAIS SÃO ALGUNS DOS FATORES SOCIAIS QUE PODEM CONTRIBUIR PARA A DEPRESSÃO?
53. HÁ DIFERENÇAS EM RELAÇÃO AO TRANSTORNO DEPRESSIVO EM OUTRAS CULTURAS OU ELE É O MESMO NO MUNDO TODO?
54. QUAIS SÃO ALGUMAS DAS INFLUÊNCIAS CULTURAIS NO BRASIL QUE PARECEM CONTRIBUIR PARA A TAXA CRESCENTE DE DEPRESSÃO?
55. A TAXA DE DEPRESSÃO É IGUAL ENTRE HOMENS E MULHERES?
56. HOMENS E MULHERES APRESENTAM DIFERENÇAS NA MANEIRA COMO FICAM DEPRIMIDOS OU COMO REAGEM À SUA DEPRESSÃO?
57. EM QUE IDADE AS DIFERENÇAS DE GÊNERO APARECEM?
58. A APRENDIZAGEM DE HABILIDADES SOCIAIS PODE MELHORAR A DEPRESSÃO?

51. O que há de social na depressão?

É fácil olhar para um indivíduo sofrendo e ver somente um problema individual. Mas é necessária uma consideração mais cuidadosa para perceber que essa pessoa não cresceu em um vácuo, isolada de outras pessoas. As crenças individuais que colocam a pessoa em risco (como "Eu devo ser perfeito ou ninguém me amará," ou "Eu nunca devo mudar de opinião sobre algo ou parecerei indeciso") são geralmente aprendidas em interações com outros. Além disso, nossos relacionamentos com outras pessoas são freqüentemente a fonte da nossa infelicidade: Quando as pessoas nos tratam mal, quando relacionamentos importantes têm um final indesejado (como a morte ou divórcio), quando somos ignorados ou evitados, quando cometemos erros em público que nos constrangem ou nos humilham, ou quando nossa reputação junto a pessoas importantes para nós é afetada, é fácil predizer que vamos nos sentir mal.

A depressão afeta diretamente nossos relacionamentos com outros. Ela leva as pessoas deprimidas a verem os outros negativamente e tratá-los de acordo com isso, freqüentemente se tornando hostis e abusivas, principalmente com as pessoas mais próximas. Isso eventualmente faz com que tais pessoas se afastem, pessoas que poderiam ajudar e cuidar se não fossem tratadas tão mal. A depressão leva as pessoas a se isolarem, passando mais tempo sós, e mais tempo com seus próprios pensamentos e sentimentos depressivos, fazendo-as piorar ainda mais no processo. A depressão leva as pessoas a serem emocionalmente exigentes, buscando constante confirmação dos outros e os deixando cansados com seu apetite insaciável para validação. A depressão dá as pessoas uma aura de intensidade que os outros acham extenuante, e então, evitar a pessoa deprimida se torna a melhor forma de lidar com ela, a isolando ainda mais. A depressão causa brigas, divórcios e términos de relacionamentos. Ela acaba com amizades, casamentos e famílias e envenena os ambientes de trabalho. A depressão tem causas sociais e conseqüências sociais.

52. Quais são alguns dos fatores sociais que podem contribuir para a depressão?

Todas as pessoas passam pelo processo de socialização, aprendendo a pensar e agir como um membro tanto da família, como da sociedade mais ampla. Os valores que você aprende, as coisas pelas quais você é recompensado ou punido e as coisas que você aprende sobre a vida moldam sua percepção da realidade. Esses fatores podem aumentar ou diminuir significativamente sua vulnerabilidade a depressão.

A depressão existe em um contexto social. As pessoas são influenciadas por outras e podemos contribuir para as depressões uns dos outros sem mesmo perceber, geralmente de formas sutis. As formas abusivas e nocivas óbvias pelas quais as pessoas vitimizam umas às outras (violência, negligência, exploração, dominação, desumanização) são negativas o suficiente e geralmente são caminhos certos para a depressão. Mas as influências sociais mais sutis podem ser tão prejudiciais quanto as primeiras. Considere as influências culturais mais amplas, como as representadas na mídia. Considere os efeitos da preocupação cultural com a magreza e a juventude em gerações de mulheres que passaram a se odiar por não serem altas, magras ou louras, ou homens que se odeiam por não serem altos, magros e musculosos. Considere também os efeitos de uma aceitação cultural de divórcios fáceis em uma geração de jovens sendo educados para pensar que visitas agendadas com papai ou mamãe todo final de semana é uma condição familiar normal ou aceitável. Se você considera os efeitos de *qualquer* movimento social nos indivíduos que têm mais chances de serem feridos por ele, você entenderá melhor porque a depressão está se espalhando ainda mais rapidamente a cada passo dado em direção à deterioração social e familiar.

A depressão pode afetar indivíduos, mas está muito espalhada socialmente. Nenhuma pessoa está imune à influência dos outros, e quando essa influência é negativa e as pessoas se sentem vitimizadas, a depressão é uma conseqüência comum. É importante entender que influências sociais negativas podem vir prontamente tanto de fontes impessoais, como filmes e televisão, quanto de fontes pessoais, como pais e irmãos.

53. Há diferenças em relação ao transtorno depressivo em outras culturas ou ele é o mesmo no mundo todo?

A depressão faz você se sentir horrível, independente de onde você mora ou que língua fala. Entretanto, as taxas e intensidade da depressão diferem significativamente de cultura para cultura. De fato, há culturas em que a depressão é um problema relativamente pequeno, e outras em que é um problema enorme. Da mesma forma, a configuração dos sintomas depressivos varia de cultura para cultura. Na China, por exemplo, há uma probabilidade maior das pessoas relatarem sintomas físicos. Já na Austrália, a probabilidade é maior das pessoas relatarem sentimentos de menos valia.

A observação das diferenças culturais é uma das formas principais que nos levou a perceber que a visão da depressão como se fosse apenas um problema biológico de um indivíduo é uma perspectiva terrivelmente inadequada do transtorno. Culturas diferentes enfatizam valores diferentes, pontos de vista diferentes, relacionamentos diferentes, estratégias diferentes de lidar com as coisas, entre outros aspectos tão vitais da vida. Esses irão assim aumentar ou diminuir a probabilidade da depressão manifestar-se em um dado membro daquela cultura.

É interessante notar que à medida que as sociedades se tornam mais ocidentalizadas (mais semelhantes aos Estados Unidos), as taxas de depressão começam a aumentar. Há algo claramente danoso à saúde mental das pessoas quando elas se tornam mais orientadas pela tecnologia, excessivamente concentradas em satisfação e ganhos pessoais, distanciadas dos ciclos da natureza, socialmente isoladas, focadas em ganhos monetários e bens materiais ou absorvidas em outros fatores semelhantes de estilo de vida.

54. Quais são algumas das influências culturais no Brasil que parecem contribuir para a taxa crescente de depressão?

No Brasil, há muitos fatores que sozinhos ou em combinação com outros podem contribuir para a depressão. Mencionarei só alguns deles. Primeiramente, sabemos que pessoas que estão envolvidas em relacionamentos saudáveis, onde há amor e dedicação, sofrem menos de depressão. Mas tais relacionamentos estão em declínio. A taxa nacional de divórcios no Brasil está aumentando. Muitas pessoas mudam de emprego em períodos curtos de tempo e muitas mudam de endereço com a mesma freqüência. Assim, ter relacionamentos fortes e estáveis com a família e amigos está em declínio, e existe a conseqüência direta do aumento da solidão, infelicidade e sentimento de isolamento para muitas pessoas.

Soma-se a isso o fato da vida das pessoas ser determinada em grande parte pela tecnologia. Computadores, Internet, antenas parabólicas e muitos outros dispositivos absorvedores de atenção consomem tempo e energia, geralmente com resultados depressivos. Aparelhos celulares fazem a comunicação mais rápida e fácil, mas as pessoas ignoram outros à sua volta imediatamente quando conversam com alguém ao telefone. A desvalorização dos relacionamentos e do contato humano real é evidente com o aumento do tempo que você passa ao telefone e em frente à tela do computador. A televisão atualmente ocupa grande parte do tempo livre das pessoas e o número de horas por semana em que se assiste a ela está aumentando a cada ano. As pessoas inundam seus cérebros com imagens violentas e diálogos vazios e, ao invés de viver a própria vida, elas se assentam e assistem a outros viverem vidas de roteiros. E muito freqüentemente, as pessoas começam a acreditar que o mundo da televisão representa a realidade e talvez uma qualidade de vida a se conquistar. Assim, quando elas eventualmente descobrem que isso não existe, ficam desiludidas.

A ênfase cultural na gratificação imediata ("faça agora") também contribui para uma população crescente de pessoas com pouca ou nenhuma tolerância à frustração, um ingrediente necessário à solução eficaz de problemas. A maioria das coisas que valem a pena ter leva tempo para criar ou aprender. Sem paciência, é muito fácil ficar só na superfície da vida. Superar a depressão não acontece do dia para noite, mas a baixa tolerância à frustração impede muitos de até mesmo fazer um esforço realista para tratá-la.

Há também ênfase cultural maior na imagem do que no conteúdo, o que leva as pessoas a abordarem problemas complexos com soluções simples ("tome Prozac") que só podem levar a um sucesso parcial na melhor das hipóteses. Assim, quando as pessoas falham, elas tendem a se considerar fracassadas e a depressão pode se instalar também.

Existe atualmente uma preocupação muito maior consigo mesmo e a autogratificação. Quanto maior a auto-absorção, maior a probabilidade de depressão. As pessoas se esquecem facilmente que existem coisas mais importantes na vida que seu próprio conforto ou auto-indulgência. Elas se esquecem de como é importante ser um bom pai (ou mãe) ou um bom profissional para se concentrar no que faz com que "me sinta bem" e geralmente tomam decisões ruins ao encarar questões como a disciplina dos filhos ou cumprir com os compromissos que assumiram. Em alguns momentos chave da vida, há algo de valioso em ser capaz de colocar outras coisas (responsabilidades) acima de uma suposta felicidade pessoal. *No que diz respeito à depressão, as pessoas que estão comprometidas com algo maior que elas mesmas, melhoram mais rapidamente.*

Há muitos outros fatores que contribuem para a depressão, claro, mas esses representam alguns dos mais importantes.

55. A taxa de depressão é igual entre homens e mulheres?

Não. Inúmeros estudos mostram que as mulheres têm aproximadamente uma probabilidade duas vezes maior de sofrer de depressão que os homens. Essa diferença de gênero leva a uma melhor compreensão de alguns fatores que contribuem para a depressão de uma forma geral. Alguns dos fatores que aumentam a vulnerabilidade das mulheres à depressão são biológicos e estão associados às variações hormonais ligadas aos eventos reprodutivos, como o aparecimento da menstruação, os ciclos menstruais, a gravidez e a menopausa. Há influências significativas que representam fatores de risco específicos para as mulheres. (Nenhum homem experimentará uma depressão hormonal pós-parto).

Mas as vidas das mulheres são influenciadas por fatores que vão além de sua biologia. Há também as desigualdades sociais que colocam as mulheres em riscos mais altos. Elas têm maiores probabilidades de encarar circunstâncias vitimizantes graves, como abuso sexual infantil e violência doméstica. As mulheres também enfrentam rotineiramente mais assédios sexuais e machismo (como um salário inferior para um trabalho equivalente ao dos homens.) As mulheres têm uma probabilidade estatística maior de viver na linha da pobreza e de serem lesadas financeiramente em acordos injustos de divórcio. Em termos de caminhos para a depressão, as mulheres têm maior probabilidade de serem influenciadas por problemas de relacionamento, enquanto que os homens tendem serem influenciados, com maior freqüência, a ameaças ao seu status e auto-estima.

Há aqueles que sugerem que a taxa de depressão de homens e mulheres é igual e que os homens simplesmente a expressam de uma forma diferente (geralmente "atuando" com violência e abuso de substâncias) e conseqüentemente têm menos chances de serem diagnosticados. Isso é possível, mas sem os sintomas que atendem aos padrões diagnósticos estabelecidos que definem o transtorno e só o inferindo a partir de comportamentos destrutivos, não há como saber se é realmente depressão. De qualquer forma, está claro que as variações hormonais das mulheres realmente impõem um risco adicional que os homens não enfrentam, o que ajuda a justificar as taxas consistentemente mais altas de depressão em mulheres apontadas por várias pesquisas no mundo todo.

56. Homens e mulheres apresentam diferenças na maneira como ficam deprimidos ou como reagem à sua depressão?

Sim. Ao mesmo tempo em que homens e mulheres podem ter algumas trajetórias semelhantes e diferentes para a depressão, uma vez que estão deprimidos, a doença é igualmente aflitiva. Contudo, há outra diferença de gênero que tem ensinado muito aos clínicos sobre o que é necessário para a recuperação. Ela é chamada de "padrão feminino" e "padrão masculino". As mulheres tendem a ter um padrão mais *ruminativo* que os homens, o que significa que elas têm mais probabilidade de repassar seus pensamentos negativos e dolorosos repetidamente na cabeça, enquanto que analisam e tentam entender melhor seus próprios sentimentos e reações. "Por que isso está acontecendo comigo?" é um exemplo de uma pergunta potencialmente ruminativa. Ela não sugere nenhum curso de ação corretiva. Os homens tendem a ter um padrão mais *ativo*, o que significa que quando eles encontram um problema, eles geralmente querem *fazer* algo em relação ao problema. Mesmo que valha a pena querer ser mais "emocionalmente ligado", uma orientação para a ação é geralmente a melhor resposta para promover a recuperação para a depressão. A meta, claro, é agir razoável e adequadamente de acordo com as demandas da vida. Aquelas psicoterapias que só se concentram em explorar e expressar seus sentimentos têm consistentemente se mostrado menos eficazes que aquelas que ensinam habilidades ativas de solução de problemas. Na verdade, alguns clínicos têm descrito o que eles chamam de "paralisia da análise," o agravamento dos sintomas quando alguém analisa muito e não implementa suficientemente estratégias orientadas para metas.

57. Em que idade as diferenças de gênero aparecem?

Por volta da puberdade. Antes da puberdade, meninos e meninas têm taxas semelhantes de depressão, apesar de pesquisas sugerirem que meninos podem sofrer um pouco mais de depressão na infância que meninas. Mas na puberdade as coisas mudam. Hormônios e humores flutuam e as expectativas sociais mudam. As meninas que antes eram inteligentes, atléticas e autoconfiantes, agora são julgadas de acordo com sua desejabilidade sexual. Apesar dos ganhos do feminismo, as pressões sociais ainda recaem sobre elas para que arrumem um namorado e mais tarde um marido. As meninas muitas vezes aprendem que seu cérebro não tem mais tanta importância quanto sua aparência física. As mensagens culturais passadas a elas não são muito fortalecedoras, e são necessários pais sofisticados e "antenados" para ajudar a filha a ir contra mensagens tão depreciativas.

Os meninos enfrentam sua parte das pressões também. Alguns especialistas sugerem que a depressão dos meninos é tão desenfreada quanto a das meninas, mas é canalizada para a agressão e outros comportamentos de "atuação", como o abuso de álcool e drogas. Os meninos são socializados para serem "machos," emocionalmente contidos ("homem não chora") e competitivos. Conseqüentemente, eles têm menos chances de relatarem problemas com seu humor. Os homens são socializados para serem competentes. Ter dificuldade e precisar de ajuda muito freqüentemente é visto como admitir fraqueza. Assim, ao invés de parecerem fracos, os homens sofrem com as dificuldades e quase invariavelmente tomam decisões ruins que podem piorar a depressão.

A realidade é que qualquer grupo pode reivindicar que sofre injustamente na vida. Afinal, todos estamos sujeitos a sofrer algum tipo de injustiça. O direito de se declarar uma vítima, entretanto, não ajuda em nada a superar o transtorno depressivo. Ao contrário, um sentimento de vitimização serve apenas para alimentar a depressão.

58. A aprendizagem de habilidades sociais pode melhorar a depressão?

Dado tudo que já foi dito sobre o valor positivo de relacionamentos saudáveis na redução da vulnerabilidade à depressão e tudo que foi dito sobre como relacionamentos negativos aumentam a vulnerabilidade à depressão, fica óbvio que quanto mais habilidosa a pessoa é em desenvolver e manter bons relacionamentos, melhor será sua qualidade de vida.

Uma pessoa pode ser inteligente e ter um Q.I. alto, mas sua capacidade intelectual não servirá como garantia de que os outros gostem dela ou que ela seja fácil de se lidar e agradável de se conviver. Há outro tipo de inteligência que foi chamada de "Inteligência Emocional" que agora se reconhece ser mais importante para a felicidade do que qualquer outro tipo de inteligência. Se você ainda não leu o livro ***Inteligência Emocional*** de Daniel Goleman, eu o incentivo fortemente a fazê-lo. Esse é um livro magnífico que ressalta a importância de saber como manejar seus sentimentos e seus relacionamentos com os outros de forma habilidosa para descobrir a felicidade em sua vida. Aprender habilidades sociais como ouvir as pessoas, empatizar-se com elas, adiar a necessidade de gratificação imediata, prevenir e resolver conflitos, aceitar as diferenças, perdoar as transgressões dos outros, e muitas outras, são habilidades chave a se desenvolver para que os relacionamentos sejam saudáveis e tragam benefícios para você.

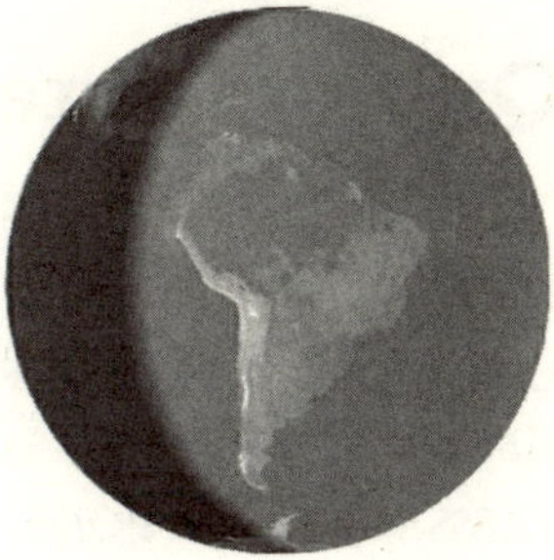

QUINTA PARTE

Famílias e Depressão

Perguntas da Quinta Parte

59. A DEPRESSÃO É TRANSMITIDA NAS FAMÍLIAS?
60. COMO A ATMOSFERA FAMILIAR CONTRIBUI PARA A DEPRESSÃO DE ALGUÉM?
61. MEU CASAMENTO É ESTRESSANTE. ISSO PODE DESENCADEAR UMA DEPRESSÃO?
62. O DIVÓRCIO ME AJUDARÁ A SUPERAR A DEPRESSÃO?
63. A DEPRESSÃO É CONTAGIOSA?
64. COMO ALGUÉM DEPRIMIDO DEVE SE COMPORTAR NA PRESENÇA DE OUTRAS PESSOAS?
65. AS PESSOAS DEVEM FALAR ABERTAMENTE SOBRE SUA DEPRESSÃO COM AMIGOS E FAMÍLIA?
66. COMO POSSO PREVENIR A DEPRESSÃO DE MEUS FILHOS SE EU ESTOU DEPRIMIDO?
67. COMO LIDAR COM UM MEMBRO DA FAMÍLIA DEPRIMIDO?
68. COMO FAZER UM MEMBRO DEPRIMIDO DA FAMÍLIA PROCURAR AJUDA PROFISSIONAL?

59. A depressão é transmitida nas famílias?

Sim. Há uma probabilidade de um e meio a três vezes maior de a depressão ocorrer entre parentes de primeiro grau (pais, filhos e irmãos). As razões subjacentes são tanto uma vulnerabilidade genética, como discutido anteriormente, quanto a atmosfera social da família. As evidências sugerem que os fatores sociais que influenciam a depressão são mais poderosos que os fatores genéticos.

60. Como a atmosfera familiar contribui para a depressão de alguém?

Através das interações constantes e repetitivas dentro da família. Assim como um indivíduo tem um humor, a família também tem. A atmosfera familiar é séria ou descontraída? Emocionalmente próxima ou distante? De apoio ou competição mútuos? Tolerante com as diferenças individuais ou as rejeita? Voltada para a solução de problemas ou os evita?

Ao crescer, você tem milhares de interações com seus pais e outras pessoas significativas. Cada interação tem em si o potencial de ensinar habilidades específicas ou pontos de vista. O que você aprende e, talvez de igual importância, o que você *não* aprende, pode aumentar ou diminuir sua vulnerabilidade à depressão. Por exemplo, se você mora com pais exigentes e perfeccionistas, você pode crescer com a idéia de que nada que você faz é certo ou bom o suficiente. Manter essa crença prejudicial é danoso para tudo que você pode tentar fazer, seja na escola, mercado de trabalho ou em relacionamentos, os quais podem levar à depressão ou mantê-la.

As interações dentro da família moldam sua visão de você mesmo e do mundo ao seu redor. O *feedback* que você recebe na forma de reação das outras pessoas lhe permite saber o que é esperado que você faça, como os outros lhe vêem, o que você pode expressar e até mesmo como você deve lidar com seu próprio corpo. Sua auto-imagem é em grande parte (mas não inteiramente) um produto do *feedback* do outro.

As famílias têm o potencial de aumentar ou diminuir a vulnerabilidade à depressão de outras formas além de dar *feedback*. Por exemplo, se os pais não são bons solucionadores de problemas e não ensinam ativamente as habilidades para lidar bem com as dificuldades da vida, como alguém vai aprender estratégias eficazes para viver? Pelo menos parte da depressão que vemos em muitas pessoas hoje em dia acontece quando elas ficam sobrecarregadas por problemas com os quais não sabem como lidar bem. Os valores que os pais ensinam, seja por palavras ou exemplos, oferecem uma base sólida ou uma base construída em areia para tomar decisões na vida. Por exemplo, se você aprende a valorizar mais o dinheiro que o servir aos outros, ou a competição mais do que a cooperação, muitas escolhas que você faz ao longo da vida serão afetadas por esses valores, por bem ou por mal.

61. Meu casamento é estressante. Isso pode desencadear uma depressão?

Sim. Perturbações no casamento e depressão estão clinicamente relacionados de várias formas. Casamentos ruins predizem uma vulnerabilidade maior para a depressão; pessoas que relatam ter casamentos infelizes têm uma probabilidade pelo menos *dez* vezes maior de estar ou se tornar deprimidas. Perturbações no casamento não só predizem a depressão, mas podem na verdade causá-la. As razões são muitas, mas a dor de estar preso a circunstâncias negativas é o ponto central delas. A depressão também pode tornar o casamento estressante. Ela interage com o casamento nas duas direções.

Dos que procuram psicoterapia de casal, em pelo menos metade dos casos, pelo menos um dos parceiros está deprimido. Daqueles que procuram psicoterapia para a depressão, em pelo menos metade das vezes, seu casamento está em um estado de perturbação.

A qualidade do casamento de uma pessoa é claramente um fator poderoso em moldar sua visão da vida. Ter as habilidades de construir e manter um bom casamento é a meta mais valiosa e o foco da psicoterapia interpessoal (incluindo a de casal e família).

62. O divórcio me ajudará a superar a depressão?

Depende se a depressão de um ou ambos os parceiros é a base do sofrimento matrimonial. O divórcio geralmente ocorre como uma forma de escapar das perturbações do casamento, e ocasionalmente, o divórcio pode ser a melhor coisa a se fazer em tais circunstâncias. Entretanto, mais freqüentemente que o contrário, se o efeito da depressão no casamento é tratado sensivelmente, o divórcio pode ser desnecessário.

A depressão leva as pessoas a verem as coisas muito mais negativamente do que veriam sem ela. Quando deveriam examinar sua depressão e se esforçar para resolvê-la, muitas pessoas culpam o parceiro e sua solução é deixá-lo. É aí que descobrem, da maneira mais difícil que "para onde quer que vão, ali estão elas." Sem intervenções significativas e no momento certo, elas simplesmente transportam sua depressão para um novo lugar ou relacionamento.

Antes que a pessoa considere um divórcio ou separação e se coloque em uma das situações mais estressantes da vida, e toda a família no caos, seria inteligente avaliar a possível influência negativa da depressão no casamento e família. A depressão pode ser resolvida, e também pode haver uma base para a família permanecer junta que pode transcender os atrasos temporários. Ficar juntas, mesmo durante os momentos difíceis, é o que famílias saudáveis e fortes fazem.

Para ser justo, contudo, não é sempre possível ou mesmo desejável manter o casamento ou membros da família juntos. O ponto importante aqui é que antes que a família se separe, o papel da depressão deve ser avaliado e levado em consideração. Quando se tira a depressão do caminho, e não se vê tudo tão negativamente, as coisas geralmente se tornam muito melhores.

63. A depressão é contagiosa?

Sim. Não em um sentido virótico ou bacteriano, mas no sentido que humores são infecciosos. O bom humor de uma pessoa pode elevar o humor de outras, e seu mau humor também pode contaminar a visão dos outros com a mesma facilidade. *O que* você compartilha com os outros, *como* você revela seus sentimentos, *o que* você fala ou faz que direciona as pessoas a perceber o positivo ou o negativo, pode ter uma influência significativa nelas. E quando alguém, como um pai ou mãe, reclama constantemente ou chama a atenção das pessoas só para o que é ruim, errado ou imperfeito, o efeito a longo prazo que isso traz é treiná-las, principalmente os cônjuges e filhos, a fazer o mesmo. Assim, a forma como alguém escolhe interagir com os outros terá um impacto significativo na percepção que eles têm dessa pessoa, e, conseqüentemente, que tipo de interações eles terão. Geralmente, as pessoas gostam de conviver com pessoas "para cima", que possam lhes dar uma "carona". Uma pessoa deprimida pode sem querer, mas facilmente, treinar as outras a querer evitá-la, ou atrair somente outras pessoas negativas e deprimidas, que assim reforçam o pior de cada uma mutuamente.

Na família, o fator contagioso da depressão merece uma consideração importante. Considere um pai ou mãe deprimida que cria um ambiente negativo em casa, que passa a mensagem para os outros membros da família, principalmente para as crianças, de que o riso e a diversão são demonstrações insensíveis que trivializam sua depressão. Literalmente, a pessoa deprimida pode treinar as outras a deixar os sorrisos e a felicidade de lado em respeito por sua depressão. Ou então, os membros da família podem decidir fazer isso por conta própria. De qualquer forma, a depressão já começou a se espalhar à medida que a regra da casa se torna: "nenhuma diversão ou alegria é permitida aqui."

64. Como alguém deprimido deve se comportar na presença de outras pessoas?

Você não tem que "fingir que está feliz". Você também não tem que sair por aí destilando falas negativas e venenosas para os outros quando está se sentindo mal. Geralmente, as pessoas simplesmente não sentem que têm energia para "agir como se tudo estivesse bem." Ou então, elas pensam que devem ser "autênticas", dando a si próprias permissão de dizer tudo o que sentem sem censura. A filosofia do "faça o que tiver vontade" não é muito boa no caso da depressão. Você certamente não quer que momentos temporários em que se sente péssimo deixem cicatrizes permanentes nos relacionamentos ao dizer coisas horríveis das quais você vai se arrepender.

Uma habilidade necessária de adquirir nesse caso é se impedir de atacar os outros e, principalmente, proteger as pessoas com as quais você mais se importa da sua negatividade. Se você quiser conversar com elas sobre algo que elas podem melhorar ou sobre como lhe ajudar, tudo bem. Mas "explodir" com elas não é a forma de fazer isso. Seus sentimentos são importantes, claro, assim como o são os sentimentos dos outros a sua volta. Se sua depressão está se espalhando nas suas interações com os outros e você acha que não consegue se controlar, isso é uma indicação clara de que você precisa de ajuda imediatamente.

65. As pessoas devem falar abertamente sobre sua depressão com amigos e família?

Provavelmente. Você deve pelo menos *considerar* conversar abertamente sobre sua depressão com as pessoas mais próximas. Se elas realmente estão próximas, elas provavelmente já notaram que algo está acontecendo com você, e você pode ajudá-las a entender o que é. Você pode educá-las à medida que educa a si mesmo sobre o que é a depressão, o que você está fazendo ativamente para tratá-la e o que elas podem fazer para apoiar seus esforços de recuperação. As pessoas não podem fazer o trabalho de recuperação por você, claro, mas elas podem certamente apoiar e até mesmo participar desse trabalho sensivelmente. Se, entretanto, sua família não é do tipo que apóia e só irá criticá-lo ou rotulá-lo negativamente, então você pode desejar ser mais cuidadoso sobre o que revelar a respeito do que está acontecendo com você.

O contraponto da filosofia de "compartilhar tudo" é este: você não quer que a família tome todas as decisões por você e não quer evitar todas as responsabilidades familiares devido à depressão. Você não quer treinar a todos para vê-lo como "doente" ou "frágil" e tratá-lo dessa forma. Afinal, você não ficará deprimido para sempre. Seja sensível às pressões extras que eles podem encarar ao lidar com a sua depressão, mas não a ponto de se sentir culpado. Reconheça os efeitos de sua depressão nos outros e haverá mais chances de você receber mais apoio do que raiva. As pessoas realmente sentem raiva dos deprimidos se percebem que eles não fazem nada para ajudar a si próprios.

Ter um psicoterapeuta ajuda exatamente por algumas dessas razões. Alguém bem treinado para acelerar seu processo de recuperação e que possa dividir o peso da depressão com você, para que esse peso recaia menos sobre os outros, pode fazer uma grande diferença. Alguém com quem possa desabafar seus sentimentos negativos em vez de "despejá-los" em alguém, também pode ajudá-lo a não estragar relacionamentos importantes. Alguém que possa reunir sua família em sessões para falar de questões delicadas de uma forma controlada e segura também pode ser muito valioso.

A depressão precisa ser tratada diretamente. Fale sobre ela, mas também *faça* algo a respeito. Só falar não é suficiente.

66. Como posso prevenir a depressão de meus filhos se eu estou deprimido?

Até um certo ponto, sim. Essa é uma das questões mais importantes, e chama atenção para o fato de que a depressão pode ser prevenida. Há habilidades específicas a se adquirir para preveni-la. Um pai ou mãe eficiente devem ser um modelo de bom comportamento de solução de problemas. Principalmente ao fazer isso rapidamente, sensivelmente e com ênfase na previsão (antecipar as conseqüências das ações da pessoa). Modelar a passividade, a desistência, atacar os outros cegamente ou o afastamento oferece um exemplo pobre de como lidar com os problemas pessoais. Modelar uma deliberação cuidadosa do que dizer ou fazer, modelar uma responsabilidade e proteção em relação aos outros, mesmo quando você está se sentindo horrível, aumenta as chances de seus filhos aprenderem estratégias eficazes de vida. Além disso, quanto mais tempo você passa com os filhos e faz com que se sintam confortáveis sobre seus sentimentos e percepções, mais você pode ensiná-los a pensar claramente sobre si mesmos e suas vidas. A melhor ferramenta de prevenção é o pensamento claro, o tipo que leva as crianças a entender, por exemplo, que elas não são responsáveis pela depressão do pai ou da mãe, e que elas não estão fadadas a repetir as mesmas coisas que os pais fizeram. Outras habilidades de prevenção importantes são a previsão detalhada, o controle de impulsos e a habilidade de fazer checagens constantes da realidade ("como posso saber se isso é verdade?"). As crianças (e adultos também) precisam saber que o fato de pensarem ou sentirem algo não faz com que isso seja verdade. Um pai ou mãe consciente pode ensinar habilidades como essas que comprovadamente reduzem ou previnem a depressão.

67. Como lidar com um membro da família deprimido?

Com compaixão, amor e firmeza. A última coisa que a pessoa precisa é ser culpada por sua depressão. As pessoas não escolhem intencionalmente ficar deprimidas e nem permanecem assim por isso ser tão maravilhosamente recompensador. É da natureza das pessoas deprimidas serem passivas e fazerem pouco para se ajudar devido à sua crença limitante de que "Não há nada que eu possa fazer sobre isso." A ilusão do desamparo geralmente frustra e até mesmo enfurece a família e os amigos, que desejam que a pessoa deprimida simplesmente "saia dessa" e "siga com a vida." Mas dar um tipo de *feedback* assim é o mesmo que pedir para a pessoa deprimida para "se animar" e "olhar o lado bom das coisas." A intenção é ajudar, mas esse tipo de conselho superficial só tende a piorar as coisas.

Não critique o que você acha que a pessoa está fazendo de errado. *Fale* sobre o que pode ser feito de forma diferente ou melhor. Não a culpe por estar deprimida. *Converse* sobre desenvolver um plano de ação corretiva. Não pressuponha que você tenha alguma coisa, ou nada, a ver com o problema. *Investigue* se você realmente está contribuindo para o problema de alguma forma. Não encurte as discussões sobre os sentimentos depressivos. *Saiba* seus limites em ajudar a dividir a sobrecarga. Não infantilize a pessoa e a trate como se fosse "doente." *Incentive* a fazer coisas que a pessoa pode fazer independentemente. Não desestimule a pessoa a obter ajuda. *Ajude* a encontrar um bom psicoterapeuta e participe no tratamento, se desejado. Não seja condescendente. *Seja* tolerante. Não sonde muito. *Sonde* o suficiente. Não ignore os sintomas. *Discuta* sobre eles e os apresente claramente ao clínico. Não desista. *Persista* e tente abordagens diferentes. Não deixe que a pessoa pare de ir a lugares e fazer coisas. *Mantenha* a pessoa ativa na vida. Não deixe que a depressão de outra pessoa se torne o foco de sua vida. *Mantenha* sua própria qualidade de vida.

É difícil para você quando alguém que você ama está deprimido. Você quer resgatar e proteger a pessoa. Mas tudo o que você realmente pode fazer é amá-la e apoiá-la, e ficar de olho na vida conjunta depois da depressão.

68. Como fazer um membro deprimido da família procurar ajuda profissional?

Não há uma resposta fácil para essa difícil pergunta. Mesmo sendo um psicólogo clínico bem treinado, meus clientes podem derrotar meus melhores esforços simplesmente ao fazer *nada*.

Somente uma em cada quatro pessoas deprimidas busca ajuda profissional. Para algumas isso se deve ao estigma: "Eu não sou louco!", para outros é o medo: "E se eu ficar preso em um hospital e dependente de remédios que mudarão minha personalidade?", mas para a maioria das pessoas é a própria depressão. "Por que devo me importar? Ninguém pode me ajudar" é o sentimento mais comum dos que sofrem de depressão. Eles falam para si próprios que nada pode ajudar e então cometem o erro caro de acreditar em si mesmos.

Tempo é tudo. Por quanto tempo alguém sofrerá antes de buscar ajuda? Algumas pessoas correm para o médico logo que sentem a primeira pontada de dor, enquanto outras têm que estar próximas da morte para ir ao médico. Então, a primeira coisa a se considerar falar para a pessoa é algo como: "Estou profundamente preocupado com você. Você está claramente deprimido e obviamente está sofrendo. Eu não sei o que fazer para ajudá-lo e acho que se você soubesse o que fazer para se ajudar você já estaria fazendo. Antes que as coisas piorem e nossa vida juntos se estrague, nós podemos buscar a ajuda de quem realmente entende o que fazer?" A essência da mensagem é "como não sabemos o que fazer, em vez de sofrer desnecessariamente vamos encontrar alguém que saiba." A chave é não insinuar que "você está doente" ou "você está horrível" mas dizer que "*nós* precisamos de ajuda para lidar com isso. Estou com você."

Até onde você está disposto a ir para obter ajuda para um familiar? E em que ponto você intervém? Você chama um amigo(a) e pede que ele(a) sugira a ajuda? Talvez. Você reúne toda a família para dizer coletivamente "Você precisa de ajuda?" Talvez. Você liga para o médico da família e pede que ele chame o familiar para uma visita? Talvez. É muito importante superar o desamparo e iniciar uma abordagem ativa de cuidado consigo mesmo. Então, continue tentando até que você encontre uma forma. Tenha em mente, contudo, que não se pode forçar alguém a fazer um tratamento voluntário.

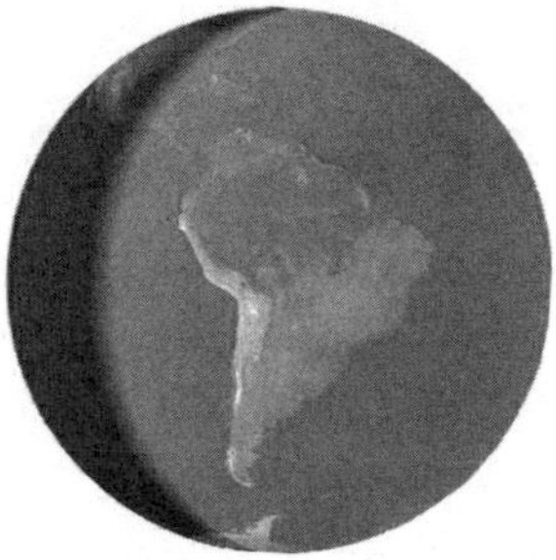

SEXTA PARTE

Depressão em Crianças e Adolescentes

Perguntas da Sexta Parte

69. COMO POSSO SABER SE MEU FILHO ESTÁ DEPRIMIDO OU SÓ "PASSANDO POR UMA FASE DIFÍCIL"?
70. O DIVÓRCIO AUMENTA A VULNERABILIDADE DA CRIANÇA À DEPRESSÃO?
71. O QUE OS PAIS DEVEM FAZER QUANDO DISCORDAM EM RELAÇÃO À NECESSIDADE DE AJUDA PSICOTERAPÊUTICA PARA A CRIANÇA?
72. A PARTIR DE QUE IDADE A PSICOTERAPIA PODE AJUDAR A CRIANÇA?
73. O QUE DEVE SER FEITO QUANDO O ADOLESCENTE SE RECUSA A RECEBER AJUDA?
74. O QUE PODE SER FEITO PARA DIMINUIR AS CHANCES DE UMA CRIANÇA SE TORNAR DEPRIMIDA?

69. Como posso saber se meu filho está deprimido ou só "passando por uma fase difícil"?

As crianças e os adolescentes representam o grupo de pessoas que sofrem de depressão que mais cresce atualmente. Há pouco tempo atrás os profissionais da saúde mental ainda ignoravam totalmente a depressão infantil, acreditando que as crianças eram muito novas e emocionalmente imaturas para vivenciar uma depressão "verdadeira". Agora esses profissionais admitem que estavam terrivelmente enganados ao assumir essa posição. As crianças realmente ficam deprimidas, e quando isso acontece, os sintomas se assemelham aos dos adultos: tristeza, apatia, sentimentos de desamparo e desesperança, afastamento social, irritação e a "atuação" comportamental (como a agressão). Uma criança que tipicamente era considerada feliz e fácil de lidar se torna menos sociável e raramente sorri. As coisas que ela costumava gostar e com as quais tinha prazer não mais geram sorrisos e entusiasmo. A criança que costumava receber amigos para brincar não se socializa mais, ou volta para casa dizendo coisas como "Ninguém gosta de mim." A criança que tem mais e mais ataques de raiva, se amua e reclama com frases do tipo "A vida não é justa," ou começa a se comportar de *qualquer* outro modo extremo merece uma atenção especial.

As crianças são dependentes dos adultos, e são assim mais vulneráveis a influências sobre as quais têm pouco ou nenhum controle. Lembre-se que foi dito anteriormente que qualquer coisa que tem o potencial de vitimizar a pessoa tem o potencial de deprimi-la. Assim, se a criança é exposta a um pai ou mãe com sua própria depressão debilitante, ou a um divórcio complicado, o potencial para a criança se sentir ferida por situações incontroláveis é significativo. E ainda assim, se você pergunta à criança, "Qual é o problema?" a resposta mais provável que você receberá é um não convincente "Nenhum." Entretanto, tenha cuidado para não subestimar o problema.

O ponto mais importante a ser considerado é que quando a depressão aparece na infância, as chances de a criança ter mais episódios futuramente aumentam e possivelmente cada episódio será pior que o anterior. Assim, o melhor e mais seguro dos conselhos é levar seu filho para ser avaliado por profissionais qualificados. Se você esperar, pensando que a criança superará isso, você pode ser recompensado com um retorno ao "normal" depois de algumas semanas ou meses. Mas se não tratada, em adultos e crianças, mesmo quando a depressão desaparece, as chances para futuras recaídas são maiores.

Quando uma criança desenvolve as habilidades descritas anteriormente, ou seja, as habilidades cognitivas e relacionais necessárias para pensar claramente e se relacionar eficientemente com os outros, a probabilidade de passar por uma situação difícil mais facilmente é aumentada. Da mesma forma, as chances de futuras recaídas são reduzidas. Se você notar que algo está errado, aja o mais rápido possível.

70. O divórcio aumenta a vulnerabilidade da criança à depressão?

Sim. Apesar do desejo idealista dos pais de poderem divorciar-se sem ferir os filhos, as evidências em longo prazo são substanciais em mostrar que o divórcio aumenta o risco de depressão e outros problemas nas crianças. As crianças geralmente precisam dos pais, de dois adultos, amorosos e funcionais por perto o máximo de tempo possível. E há um preço a ser pago quando elas não os têm. Não é uma coincidência que o *maior* grupo dos que sofrem de depressão, pessoas entre 25 e 44 anos, coloca uma ênfase grande na conveniência pessoal, o que muito freqüentemente inclui abandonar a família quando ela não é mais conveniente. São essas pessoas que hoje educam o grupo dos que sofrem de depressão *que mais cresce* no momento.

Quando os pais divorciam e as crianças são muito novas, estas crianças apresentam um risco elevado de problemas acadêmicos, de se envolver em comportamentos disruptivos e de ter taxas mais altas de conflitos entre pares. O efeito nos adolescentes é ainda maior, colocando-os em riscos mais altos de se sentirem insatisfeitos com a vida, abandonarem a escola, se tornarem sexualmente ativos muito cedo e terem um filho fora do matrimônio. Mães adolescentes em especial são altamente vulneráveis a depressão. Sobrecarregadas com as responsabilidades de mãe, elas não tem maturidade para lidar com a situação ao mesmo tempo em que têm o desenvolvimento social normal interrompido.

Quanto mais conturbado for o casamento antes da decisão pelo divórcio, mais hostil é o divórcio, maior a preocupação de cada um dos pais em manejar sua própria dificuldade de humor durante uma transição tão dolorosa e maior é o risco para os filhos envolvidos no divórcio. É preciso que os pais no limite do divórcio ou separação saibam que nunca devem usar seus filhos como armas. Eles devem manter os filhos fora dos conflitos e assegurar-se de que as crianças ou adolescentes tenham um sistema de apoio para ajudá-los a lidar com seus sentimentos e necessidades durante e depois dos momentos de estresse. Por mais que a intenção dessas dicas seja ajudar, o ideal é preservar a integridade da família sempre que possível.

71. O que os pais devem fazer quando discordam em relação à necessidade de ajuda psicoterapêutica para a criança?

A tendência de um dos pais de superestimar um problema ou do outro de subestimá-lo é inevitável. Afinal, se trata de dois indivíduos com dois conjuntos diferentes de percepções e essas virão à tona repetidamente quando uma decisão em conjunto deve ser tomada. Entretanto, quando uma criança está em questão, o que geralmente ocorre é que um ou ambos os pais tendem a subestimar a gravidade do problema porque é muito pesado emocionalmente ter que considerar que seu filho pode ter um problema e precisa de ajuda profissional. Muitos psicoterapeutas chamam isso de "negação," a distorção perceptual que se faz para minimizar o problema para que ele não precise ser encarado. Antes que um ou ambos os pais caiam em um padrão de "negação," seria bom se eles se perguntassem: "Como nós sabemos se esse problema que estamos vendo é sério ou não?" Quando eles não conseguem responder objetivamente e apenas "sentem" que não é algo sério, é indicado obter uma opinião objetiva de uma fonte confiável.

A sabedoria nessa situação está em reconhecer que um ou ambos os pais podem estar com a percepção "desligada." Contudo, o que está em jogo é o bem estar da criança. É verdade que você não quer correr para o médico toda vez que o nariz do filho escorre, mas também é verdade que você não quer fazer com que o problema pareça menos importante, pois é provável que ele piore se ele for minimizado ou ignorado. Você também não quer arriscar o bem estar da criança só porque é inconveniente ir a um psicoterapeuta para uma avaliação ou tratamento. Você não tem que temer ser acusado, nem precisa se preocupar com algum estigma ou julgamento negativo dos outros. Concentre-se na melhora da criança.

Ter ambos os pais compatilhando a mesma opinião sobre o que fazer é o ideal, mas pode ser que isso não aconteça. Pelo menos, sentar-se com seu filho (seja qual for sua idade depois dos quatro anos) e conversar sobre o que você vem notando e o que ele tem feito para lidar com o problema pode lhe dar uma noção se a dificuldade é temporária ou se é provável que dure. Quando for provável que a dificuldade continue por envolver situações comuns da vida (como lidar com colegas chatos na escola ou com o estresse de ter que aprender novas habilidades) então buscar ajuda é o mais indicado. Seu cônjuge pode não querer participar, o que é uma pena, mas ele ou ela pode pelo menos não atrapalhar seus esforços de buscar ajuda para seu filho. Isso é verdade principalmente nos casos em que os pais vivem separados e o bem estar da criança é mais importante que ganhar o "cabo de guerra" parental.

72. A partir de que idade a psicoterapia pode ajudar a criança?

A idade na qual a criança pode se beneficiar da psicoterapia é bem baixa, talvez tão baixa quanto três ou quatro anos. Até mesmo quando a criança ainda não se expressa tanto verbalmente, o uso de técnicas não verbais, ou pouco verbais, (como ludoterapia, encenação, arte e música) pode ser eficaz. Psicoterapeutas de crianças e adolescentes são especialistas em trabalhar com eles e podem ser bem habilidosos em fazer com que "se abram" e falem de seus sentimentos e em ajudá-los a aprender habilidades importantes para a vida. Entrar em contato com psicoterapeutas para encontrar um que você goste e confie para estar com seu filho é essencial.

Para crianças mais velhas e adolescentes, os modelos de tratamento são mais semelhantes aos dos adultos. São ensinadas às crianças habilidades interpessoais e formas para lidar com problemas e solucioná-los. Já foi mostrado que essas habilidades não só reduzem a depressão, mas reduzem a probabilidade de recaídas. E para aqueles pais preocupados com a possibilidade de o filho ser medicado com antidepressivos, a psicoterapia pode oferecer os benefícios sem os efeitos colaterais em potencial dos medicamentos. (Para saber mais sobre crianças e antidepressivos veja pergunta 28.)

73. O que deve ser feito quando o adolescente se recusa a receber ajuda?

Forçar um filho ou *qualquer* pessoa a obter ajuda quando ela não quer é uma situação muito difícil; não há respostas simples. A pessoa pode destruir seus melhores esforços simplesmente não fazendo nada.

A conversa sobre buscar ajuda deve ser tranquila, isto é, sem conflitos. Quando damos uma ordem como "Eu quero que você consulte um psicoterapeuta!", podemos gerar rebelião. Uma abordagem mais empática seria: "Eu vejo que você está sofrendo e eu quero ajudar. Mas eu não sei o que fazer. Podemos conversar com alguém que saiba? Eu só quero que você comece a se sentir melhor e eu acho que pode ser útil conversar com alguém que possa nos dar algumas idéias."

Escolha um momento para conversar sobre isso quando suas interações estão amigáveis e não conturbadas. Saia da sua forma habitual de se relacionar para criar momentos quando a conversa é possível, como no carro, ou quando vocês estão fazendo alguma atividade juntos, assim o foco não é um ou o outro. Geralmente é mais fácil fazer com que um adolescente se abra quando o foco está em uma tarefa compartilhada. Ter tido uma boa comunicação entre vocês desde sempre é importante, claro. Esperar que um filho se abra com você se não existiu conversa de forma aberta em meses ou anos pode ser irrealista. Outra opção é encontrar outras pessoas significativas na vida do filho, como uma professora, coordenadora da escola ou mesmo um pai ou mãe de um amigo dele, que pode incentivar a discussão aberta do problema. Tenha em mente que mesmo um adolescente enfurecido e amuado não quer que seus sentimentos negativos persistam. Você pode transmitir o desejo de que as coisas melhorem, o apoio aos sentimentos e necessidades do adolescente e a sabedoria de que "repetir a mesma coisa não faz sentido."

Como um pai ou mãe preocupados, você pode, ou talvez até deva participar do tratamento. Entretanto, esteja aberto a variações. O adolescente pode preferir começar com você presente, e então pedir que você saia para ele ter algum tempo a sós com o psicoterapeuta. O adolescente também pode não querer nenhum envolvimento dos pais no seu processo de tratamento.

As crianças e adolescentes geralmente não querem se sentir "diferentes" ou "loucos." Muito da resistência em obter ajuda vem da interpretação errada de que se eles forem conversar com alguém, existe algo muito errado com eles. Contudo, se você se concentra no que está havendo e como pode ser corrigido, você pode tornar mais fácil para seu filho obter ajuda sem que ele precise dar satisfação de coisas que não são confortáveis para ele e, dessa forma, você pode conseguir maior responsividade da parte de seu filho às suas sugestões para que ele aceite receber ajuda.

74. O que pode ser feito para diminuir as chances de uma criança se tornar deprimida?

Existem muitas coisas que podem ser feitas para proteger as crianças contra a depressão.

Primeiro e acima de tudo, esforce-se para se aproximar e fique próximo do seu filho. Essa proximidade não acontece automaticamente, mas a distância *sim*. É improvável que você fique emocionalmente distante por anos e de repente se torne próximo. Converse com seus filhos constantemente. Solucione problemas com eles. Compartilhe problemas e discuta soluções. Converse sobre coisas significativas, mas lembre-se de se divertir também. Não há nenhum substituto para um bom momento passado juntos.

Em segundo lugar, desligue a televisão. Na média, as crianças assistem muito à televisão e isso literalmente as impede de obter percepções realistas sobre si mesmas, dos outros e da vida. A televisão também incentiva um pensamento distorcido e encurta interações significativas. Ela é uma babá inadequada e meramente conveniente para pais que não querem passar tempo com seus filhos, uma substituta muito pobre por sinal.

Em terceiro, limite o tempo no computador. Observe que sites seu filho visita e supervisione o tempo dele no computador.

Em quarto, faça seus filhos serem responsáveis por suas ações. Seja consistente nas conseqüências, principalmente nas recompensas por comportamentos "certos."

Em quinto, tenha consciência que você é um modelo. Tenha o hábito de se perguntar que mensagem você passa aos seus filhos quando eles o observam viver sua vida. Como o escritor James Baldwin disse: "as crianças podem nem sempre ter ouvido seus pais, mas elas nunca falharam em imitá-los." Modele responsabilidade social, resolução imediata de problemas, pensamento racional e o valor de relações familiares próximas.

Em sexto, ensine o pensamento antecipatório, isto é, como antecipar as conseqüências prováveis de um determinado comportamento. Quanto sofrimento poderia ser prevenido com a antecipação e ainda assim as pessoas continuam a tomar decisões cegamente, baseadas nos seus sentimentos do momento e então sofrem mais tarde por isso. Ensinar o valor de se ter metas e comportamentos orientados para metas é tão importante quanto ensinar a desfrutar o momento. Ensine também o valor de se ter visão de futuro, pois não há força mais poderosa em moldar a qualidade de vida de alguém.

CONCLUSÃO

CONCLUSÃO

75. Agora que já li este livro, o que faço em seguida?

Este pequeno livro tem o objetivo de oferecer informações e perspectivas sobre a depressão. As respostas são baseadas em pesquisas e evidências clínicas. Se este livro atingiu o seu objetivo, você agora possui algumas informações que podem ser úteis no seu caminho único para lidar de maneira mais apropriada com o transtorno da depressão. É provável que você esteja agora melhor preparado para decidir o que fazer em seguida usando o que você aprendeu com esta breve introdução da teoria clínica, pesquisa e prática relacionadas ao assunto depressão.

Você deve ter descoberto que a mensagem mais importante escrita aqui é que alguém que está sofrendo com a depressão pode fazer coisas inteligentes para se ajudar na sua recuperação. Mais informações estão disponíveis em uma variedade de fontes, de websites, livros e jornais, psicote-rapeutas e grupos psicoterapêuticos de apoio. Profissionais de saúde mental bem treinados também estão disponíveis para oferecer ajuda e apoio em seus esforços para superar a depressão.

A coisa mais importante agora é manter-se ativo em tratar os problemas e questões em sua vida, nunca se entregando à percepção distorcida de que todas as outras pessoas podem melhorar, mas você não. Claro que você pode. Mas não fazendo as mesmas coisas de antes e esperando passivamente que um milagre aconteça.

O primeiro princípio da mudança significativa é "Faça algo diferente." Se você não sabe o que fazer, não pressuponha que nada pode ser feito. Não confunda incerteza com inevitabilidade. A depressão é evitável. Mantenha-se focado na meta e siga os passos para alcançá-la. O futuro está em aberto.

Considerações Finais

É triste constatar com que facilidade se prediz que a depressão continuará a ser um problema crescente no Brasil e no mundo. Contudo, isso não precisa acontecer. Nós já aprendemos muito sobre o que é necessário para tratar e até mesmo prevenir esse transtorno.

Entretanto, é uma falha humana não prestar atenção seriamente a um problema até que ele esteja na "zona crítica de perigo." Mas essa não é uma falha que você tem que ter. Este pequeno livro oferece algumas informações importantes sobre depressão e lhe equipa com muitos dos fatos e perspectivas que você precisa para começar a lidar com a depressão e resolvê-la de forma realista.

A ferramenta mais poderosa é o conhecimento. Eu espero que você usará o que aprendeu aqui para obter a ajuda que precisa para si próprio ou para aqueles que você ama e que podem estar sofrendo. Não espere. O tempo é um recurso muito valioso para ser desperdiçado.

Michael D. Yapko, Ph.D.
Psicólogo Clínico
Website: www.yapko.com

Referências

Outros livros do Dr. Micheal Yapko:

HYPNOSIS AND TREATING DEPRESSION: APPLICATIONS IN CLINICAL PRACTICE (ED.) (2006, ROUTLEDGE)

TRANCEWORK: AN INTRODUCTION TO THE PRACTICE OF CLINICAL HYPNOSIS (3RD ED.) (2003, BRUNNER/ ROUTLEDGE)

TREATING DEPRESSION WITH HYPNOSIS: INTEGRATING COGNITIVE-BEHAVIORAL AND STRATEGIC APPROACHES (2001, BRUNNER/ROUTLEDGE)

HAND-ME-DOWN BLUES: HOW TO STOP DEPRESSION FROM SPREADING IN FAMILIES (1999, ST. MARTIN'S)

BREAKING THE PATTERNS OF DEPRESSION (1997, RANDOM HOUSE/DOUBLEDAY)

ESSENTIALS OF HYPNOSIS (1995, BRUNNER/MAZEL)

SUGGESTIONS OF ABUSE: TRUE AND FALSE MEMORIES OF CHILDHOOD SEXUAL TRAUMA (1994, SIMON & SCHUSTER)

HYPNOSIS AND THE TREATMENT OF DEPRESSIONS (1992, BRUNNER/MAZEL)

BRIEF THERAPY APPROACHES TO TREATING ANXIETY AND DEPRESSION (ED.) (1989, BRUNNER/MAZEL)

WHEN LIVING HURTS: DIRECTIVES FOR TREATING DEPRESSION (1988, BRUNNER/MAZEL)

Observação: nos livros acima encontramos as fontes de referência utilizadas pelo Dr. Yapko em vários anos de pesquisa até a publicação deste livro.

Informações para contato com o Dr. Michael Yapko

Por correio:

Dr. Michael Yapko
P.O. Box 234268
Leucadia, CA 92023-4268
USA

Por fax:

760-944-6368

Por e-mail:

yapkom@aol.com

Website:

www.yapko.com

O website do Dr. Yapko inclui sua agenda de cursos por todo o mundo, informações sobre seus livros e CDs, eventos atuais e links para outros websites úteis.

Conheça outros livros da:

EDITORA DIAMANTE

RESGATANDO A MAGIA DA VIDA

Histórias e práticas para alegrar o coração e nutrir a alma

Joyce C. Mills

Uma borboleta não nasce borboleta. Assim como a lagarta aguarda o momento certo para sua transformação, nós também precisamos de um tempo para nos preparar para a mudança. Começamos a nos sentir mais seguros com as aprendizagens e habilidades que temos dentro de nós, dentro do nosso próprio casulo e a transformação interior acontece. Podemos dar aquele salto de fé para mudarmos de emprego, matricular naquele curso que pensávamos faz tempo, iniciar uma nova amizade ou relação, ou fazer uma viagem há muito tempo desejada. Qualquer que seja a ação exterior almejada, estamos prontos para voar com nossas assas de segurança e coragem.

GRUPO DE CRESCIMENTO

Trabalhos com temas universais para uma revisão de vida

Teresa Robles

O livro Grupo de crescimento pode ser considerado um pioneiro do trabalho Ericksoniano com grupos. Nele, a genialidade da Dra. Teresa Robles se faz presente, ampliando, avançando dentro do legado de Milton H. Erickson.
Mesmo psicoterapeutas de outras linhas podem utilizar os exercícios deste livro. Para isto, o psicoterapeuta precisa ser uma pessoa de fé. Fé na possibilidade de crescimento inerente ao homem, fé na existência de um centro norteador, organizador do psiquismo, fé nos recursos internos e aprendizagens de cada ser.
No Instituto Milton H. Erickson de Belo Horizonte, temos trabalhado com este Grupo de Crescimento já há mais de dois anos e os resultados têm sido excelentes. Os clientes falam de mudanças muito significativas em suas vidas. Muitos exercícios trabalham o simbólico, metaforicamente, de forma indireta e as mudanças ocorrem internamente.

TERAPIA FEITA SOB MEDIDA

Teresa Robles

Este livro é a transcrição de um seminário realizado pelo Dr. Jeffrey K. Zeig, PhD, em que nos ensina a fazer uma criteriosa avaliação para determinar os rumos do processo terapêutico, apresentando as técnicas a serem usadas e, finalmente, ensinando como conduzir o processo de terapia para que ele seja experiencial e para que as intervenções sejam efetivas. Ao longo do livro ele vai ensinando os terapeutas a fazer uso do princípio de utilização de forma prática e elegante.

AUTO-HIPNOSE

Aprendendo a caminhar pela vida

Teresa Robles

Este livro inicia uma série de MANUAIS DE AUTO-HIPNOSE.

Está escrito para se ler desfrutando, sem esforço. Está escrito para se ler desde a introdução. Já, desde aí, começa a falar coisas que são úteis para você ir aprendendo a caminhar pela vida. Mas, você pode, também, começar por qualquer lado. Ele foi escrito para lhe dar ferramentas seguras e naturais, para que você viva desfrutando mais cada momento. De fato, você já conhece essas ferramentas, você as tem usado de alguma maneira, sem sabê-lo. Neste livro, os autores ensinam a utilizar as ferramentas, para que você possa fazê-lo quando você necessitar, em sua vida diária.

REVISANDO O PASSADO PARA CONSTRUIR O FUTURO

Jorge Abia e Teresa Robles

Este é um dos livros da série de MANUAIS DE AUTO-HIPNOSE.

Ele surge de um ensaio autobiográfico, em que Teresa compartilha conosco suas experiências de vida e suas aprendizagens nas várias fases de seu processo de amadurecimento psíquico. Este também é um livro de auto-hipnose que convida o leitor a olhar para dentro de si mesmo, a cada linha, a cada exercício. Os exercícios estão esboçados para colocar você, de maneira eficaz, em contato com seus recursos internos, para abrir portas e encontrar caminhos e, assim, resolver as dificuldades pendentes, saudavelmente, protegidamente.

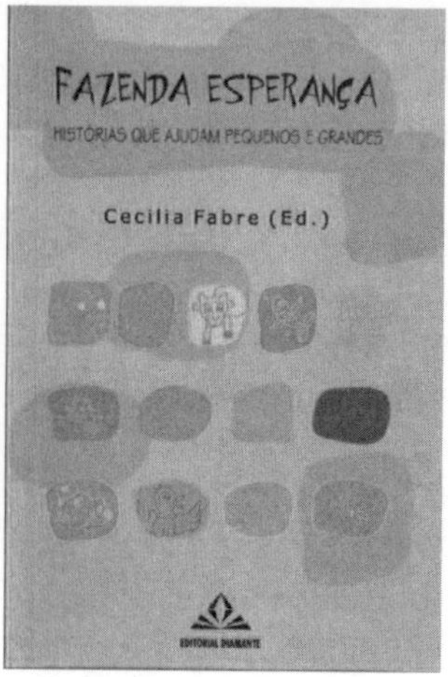

FAZENDA ESPERANÇA

Histórias que ajudam pequenos e grandes

Cecilia Fabre (ed.)

Quando conheci o livro *Fazenda Esperança*, achei que valia a pena ler o livro, pois este poderia ser um instrumento para o trabalho com as crianças que atendo. Além disso, trabalho com grupos de orientação de pais, e sempre é bom encontrar um livro que seja bom para os pais lerem para os filhos, pois essa pode ser uma maneira bastante saudável de interação entre eles. E qual não foi a minha surpresa quando percebi que fui tocada pela leitura. Não sei dizer ao certo quanto e como fui tocada. Mas sei que me emocionei.
Eu o convido, agora, a ler *Fazenda Esperança*. Leia e releia as histórias despreocupadamente, curioso(a) para descobrir o que se transforma em você, deixando que se resolva o que precisa ser resolvido.

- Angela Cota

A MAGIA DE NOSSOS DISFARCES

Teresa Robles

Nesse livro, a Dra. Teresa Robles descreve a magia e os limites de nossos disfarces e mostra que o importante não é tanto nos livrarmos deles, mas sermos capazes de mudar de disfarce de acordo com os contextos específicos em que nos encontramos em diferentes momentos de nossas vidas. Se a terapia é a experiência que nos ensina a usar disfarces apropriados nas diferentes situações que a vida nos apresenta, o terapeuta deve aprender, ele mesmo, a fazê-lo. Este é um livro que realmente pode ajudar um terapeuta a adquirir a maestria de tal arte.

CONCERTO PARA QUATRO CÉREBROS

Teresa Robles

Este é um livro sobre saúde mental, não sobre psicopatologia, que nos ensina a buscar soluções e novas opções para gozar de uma vida plena e frutífera. O método e as técnicas hipnóticas que aprendemos em suas páginas pressupõem uma abertura mental no leitor, um desejo de transcender métodos e técnicas já familiares e freqüentemente usados. É um volume otimista, orientado para a prática clínica, escrito com clareza, calor humano, respeito ao indivíduo e sem as complicações com que muitos autores de psicologia torturam a seus bem-intencionados leitores. É uma obra-prima da abordagem ericksoniana, já tendo sido traduzido para o inglês e para nossa língua.

HOMENAGEM A ELIZABETH MOORE ERICKSON

Mulher extraordinária, profissional, esposa, mãe e companheira.

Marilia Baker

Contar histórias é uma arte. Ser transformado por elas é um privilégio. Marília Baker segue com maestria os passos de Elizabeth Moore Erickson e de Milton H. Erickson, ao escrever esta obra. E nos presenteia com um relato que nos remete à nossa própria história, aos nossos sonhos, aos nossos desafios. Uma história de pessoas com valores muito nobres, de esforços e conquistas, de companheirismo e cooperação, com uma visão positiva da vida e uma maneira de encontrar soluções produtivas e inovadoras para os problemas cotidianos, sempre acreditando que se pode aprender muito com essas situações que a vida nos apresenta.

ABRINDO PORTAS COM AMOR

Caminhos na educação dos filhos e na prevenção de futuros problemas

Angela Cota e J. Augusto Mendonça

Apresentamos aqui o grande sucesso de vendas da Editora Diamante. Com sua primeira edição esgotada antes mesmo de completar o primeiro ano, o livro *Abrindo Portas com Amor* vem sendo recomendado a pais e educadores por terapeutas de todo país, com o objetivo de ajudá-los a encontrar melhores caminhos na educação de crianças e adolescentes.

Um livro para aqueles que vão ser pais, para os pais de crianças de todas as idades e para os pais de adolescentes.

"*Abrindo Portas com Amor* é um livro dirigido aos pais onde, através de relatos simples, sobre temas universais, Angela e J. Augusto oferecem aos pais exemplos práticos de sua vida e dicas úteis para enfrentar situações do dia a dia.

"Tenho certeza que este livro abrirá muitas portas com amor e será assim, de grande utilidade para os pais e profissionais de nossos países."

- Teresa Robles, México

Depois de ler este livro, você não será mais o mesmo como pai ou como mãe. O livro trabalha com paradigmas positivos e voltados para a solução.

Há pessoas que querem ser pais. Há pessoas que têm vocação para serem pais. Há pessoas, e são muitas felizmente, que, sozinhas ou unidas, se dispõem a cuidar, a nutrir, a formar, a ajudar a crescer. Essas pessoas se sentem satisfeitas por verem o outro se fazendo feliz.

Este livro não é uma obra do acaso. Ele traz uma mensagem universal: o amor. Leia-o. Leia com carinho. Leia com amor. E se disponha também a ajudar. E se disponha a fazer alguma diferença aqui na terra, no nosso planeta, no nosso país, no nosso estado, em nossas cidades, em nossos lares.

EDITORA DIAMANTE

Entre em contato conosco
Telefone: (31) 3293-1812 - Fax: (31) 3344-8447
E-mail: diamante@ericksonbh.com.br

Este livro foi impresso em papel
CHAMOIS BULK DUNAS 90grs,
com coloração levemente amarelada
para maior conforto na leitura.
Impresso na SOGRAFE Editora e Gráfica Ltda.